Administração e Marketing
para pequenas e médias empresas de varejo

Domingos Ricca

Colaboradores
Rubens Garcia
Adriano Postal

2005

Apoio

Editor: Fabio Humberg
Assistente Editorial: Cristina Bragato
Capa: Fernando Reis
Projeto gráfico: João Carlos Porto
Revisão: Fabio Zoppa

Dados Internacionais de Catalogação na Publicação (CIP)
(Câmara Brasileira do Livro, SP, Brasil)

Ricca Neto, Domingos
   Administração e marketing para pequenas e
médias empresas de varejo / Domingos Ricca ;
colaboradores Rubens Garcia, Adriano Postal. —
São Paulo : Editora CL-A Cultural, 2005.

   Bibliografia.

   1. Administração de empresas 2. Associativismo
3. Marketing - Administração 4. Pequenas e médias
empresas - Administração 5. Pequenas e médias
empresas - Marketing 6. Varejo I. Garcia, Rubens.
II. Postal, Adriano. III. Título.

05-2100   CDD-658.87

Índices para catálogo sistemático:
1. Pequenas e médias empresas de varejo :
Marketing : Administração 658.87

Todos os direitos para a língua portuguesa reservados
Editora CLA Cultural Ltda.
Rua Coronel Jaime Americano 30 – salas 12/13 – 05351-060 – São Paulo – SP
Tel/fax: (11) 3766-9015 – e-mail: editoracla@editoracla.com.br
www.editoracla.com.br

Impresso no Brasil

*Dedico este livro à minha família –
à Sheila; a meus filhos, Thatiana,
Julio e Gabrielle; a meus pais,
irmãos e sobrinhos. Esta é a base
sólida de minha vida*

Índice

Prefácio **7**

Capítulo 1
O que é marketing **9**
- A evolução das definições de marketing 10
- O escopo de marketing 12
- O sistema de marketing: os 4 Ps e os 4 As 14
- Estratégias de marketing: os 4Cs 17

Capítulo 2
O papel do marketing nas pequenas e médias empresas ... **19**
- As condições para o marketing 20

Capítulo 3
O Associativismo **23**
- Benefícios do processo associativista 25
- Necessidades dos pequenos varejistas 31
- Visão de mercado 33
- As vantagens do associativismo 37

Capítulo 4
Planejamento mercadológico e planejamento estratégico .. **39**
- O meio ambiente da empresa 39
- O planejamento estratégico 52

Capítulo 5

Benchmarking **59**

- Fundamentos 60
- Objetivos 62
- Metas 64
- As fases do *Benchmarking* 66
- Desencadeando mudanças 67

Capítulo 6

Para ser um gestor eficaz **69**

- Gerenciando as vendas 70
- Técnicas de negociação 73
- Orientação em marketing para gerência de produtos 74

Capítulo 7

ERP como ferramenta de gestão **77**

- O papel da informação 78
- Como identificar a necessidade de implementar um ERP 80
- O que esperar do ERP 83

Apêndice 1

Associativismo: a experiência da Unisuper **89**

Bibliografia **93**

PREFÁCIO

A valorização das pequenas e médias empresas, as grandes geradoras de empregos e oportunidades dos tempos atuais, inclusive naquilo que diz respeito ao mercado de capitais, é fundamental. Para que elas sejam cada vez mais numerosas e uma força de vendas com maior expressão, é preciso que sua gestão seja mais profissional e especializada.

Nesse cenário, é imprescindível criar a cultura do marketing e da administração focada nas empresas de menor porte, de forma que elas possam se beneficiar e adotar práticas antes restritas ou inacessíveis. Atualmente, é essencial atribuir cada vez mais importância à transparência como forma de prestação de contas para os diversos públicos estratégicos (stakeholders) *responsáveis pelo desenvolvimento adequado das transações da companhia. O avanço no trato do negócio como uma ferramenta de trabalho, mas também de alavancagem de recursos, é hoje peça-chave do mundo empresarial.*

Não se pode esquecer, também, de que é de vital interesse o desenvolvimento de uma cultura profissional nas pequenas e médias empresas, que possa facilitar o seu trajeto rumo ao crescimento e à sua entrada no mercado de capitais.

Por isso, é da maior importância que a bibliografia seja extensa nesse segmento, fomentando negócios e postos de trabalho, fazendo a economia girar mais rápido e de maneira mais eficaz. Assim, uma publicação como Administração e Marketing para pequenas e médias empresas de varejo *passa a ser um marco. O livro não apenas é simples e didático, mas aborda os principais conceitos e temas relacionados ao marketing e à administração.*

O empreendedor vai compreender as necessidades diferenciadas das pequenas e médias empresas, e como o marketing deve ser adaptado a elas e às suas disponibilidades, normalmente mais estreitas que as das grandes empresas. É assim que se conscientizará o empresário de que administrar bem não basta, se o marketing não for eficiente e se não houver uma reserva a ele destinada.

Na prática, quanto menor a empresa, mais relevante o marketing no seu dia-a-dia, bem como, muitas vezes, a premência do associativismo, do planejamento estratégico e das técnicas de negociação, usando, também, ferramentas de gestão como o ERP. O marketing e a administração não vivem um sem o outro e, sem eles, as pequenas e médias empresas não sobrevivem.

Humberto Casagrande Neto
Ex-Presidente da Apimec Nacional (Associação dos
Analistas e Profissionais de Investimento do Mercado de Capitais)
Diretor-geral do Banco Credibel

Capítulo 1

O QUE É MARKETING

Muito se fala em marketing. O termo, de tanto uso, chega a ser associado de forma pejorativa pelos menos avisados. O senso comum, em alguns casos, chega a declarar que marketing é uma coisa ruim. Assim vemos e ouvimos frases cotidianas relacionando marketing a fatos negativos, como, por exemplo, ao fato de alguém querer ser ou parecer ser o que verdadeiramente não é. Por falta de conhecimento, muitas pessoas dizem: "isto é puro marketing".

Não raras vezes vemos políticos agindo dissimuladamente e a população, sem conhecimento, logo dispara: "estão vendo? Isto é marketing!".

Evidentemente que o equívoco precisa ser corrigido, sob pena de pensarmos que marketing, antes de ser uma ciência, é apenas um truque para enganar o consumidor final, seja ele consumidor de um produto ou de um serviço.

Longe do senso comum, marketing é uma ciência que se ocupa essencialmente das relações de troca. Onde houver relacionamento de troca, aí estará o marketing.

Apesar de ter se tornado conhecido a partir de 1930, o marketing na verdade existe desde os tempos remotos, quando artesãos estabeleceram, muitos anos antes de Cristo, as primeiras trocas de mercadorias.

Então marketing é só troca? Não, nem sempre marketing se

ocupa exclusivamente de trocas; na atualidade preocupa-se muito mais com sentimentos, sensações, experiências e vivências, como veremos neste capítulo.

A evolução das definições de marketing

Antes de adotar uma única e exclusiva compreensão da área específica de marketing, é interessante verificar como têm evoluído suas definições.

Segundo as pesquisas realizadas por Marcos Cobra, em 1960, a AMA (American Marketing Association) definia marketing como o desempenho das atividades de negócios que dirigem o fluxo de bens e serviços do produtor ao consumidor ou utilizador.

O mundo dos negócios, cada vez mais desenvolvido, gerou a necessidade de conceituar melhor o marketing, explicando sua natureza. Observa-se então uma evolução constante nas definições que o caracterizam de maneira cada vez mais ampla.

Mas, afinal, o que é marketing? Vejamos como seu conceito evoluiu. Em 1965, a Ohio State University definiu marketing como "o processo na sociedade pelo qual a estrutura da demanda para bens econômicos e serviços é antecipada ou abrangida e satisfeita através da concepção, promoção, troca e distribuição física de bens e serviços".

De outro lado, Philip Kotler e Sidney Levy sugeriram, em 1969, que o conceito de marketing deveria abranger também as instituições não lucrativas. Para William Lazer, o marketing deveria levar em conta as mudanças verificadas nas relações sociais.

Kotler e Levy sugerem, mais tarde, que "marketing se liga a uma idéia geral de troca antes da tese da transação de mercado".

Outros comentaristas começam a esboçar a tese dupla de que:

a) os limites do marketing passam a incluir empresas não lucrativas;

b) as dimensões sociais do marketing começam a configurar-se.

O movimento para expandir o conceito de marketing tornou-se irreversível quando o *Journal of Marketing* passou a dedicar atenção especial às regras das mudanças sociais e ambientais. Ao mesmo tempo, Kotler e Gerald Zaltman estabeleceram a expressão *marketing social*, definindo-o como:

> *"A criação, implementação e controle de programas para influenciar a aceitabilidade das idéias sociais e envolvendo considerações de planejamento de produto, preço, comunicação, distribuição e pesquisa de marketing".*

Da mesma forma, a tecnologia mercadológica foi aplicada para encontrar soluções dos problemas de saúde, para problemas populacionais, entre outros.

Kotler tem reavaliado sua posição inicial concernente aos limites do conceito de marketing e articulado um conceito "genérico" de marketing. Propõe que a essência do marketing é transação, definida como a troca de valores entre duas partes através do seguinte conceito:

> *"Marketing é especificamente relativo à forma como as transações são criadas, estimuladas, facilitadas e valoradas".*

Se o marketing deve ser olhado como abrangendo as atividades econômicas e não econômicas, talvez o marketing como foi originalmente concebido reapareça em breve com outro nome.

Aparecem então três questões-chave para definir a controvérsia da "natureza do marketing":

1. Que espécie de fenômenos e fatos faz com que diversos autores se preocupem em incluí-los no escopo de marketing?
2. Que espécie de fenômenos e fatos precisaria ser incluída no

escopo de marketing?

3. Como pode o marketing ser definido para abordar sistematicamente todos os fenômenos e fatos que precisariam ser incluídos e, ao mesmo tempo, sistematicamente excluir todos os outros fenômenos e fatos não pertinentes?

O escopo de marketing

A definição do escopo de marketing inclui, muitas vezes, áreas tão diversas como:

- comportamento do consumidor
- preço
- compras
- administração de vendas
- gerência de produtos
- comunicação mercadológica
- marketing comparativo
- marketing social
- a eficácia da produtividade do sistema de marketing
- o papel do marketing no desenvolvimento econômico
- embalagem
- vias de distribuição
- pesquisa mercadológica
- aspectos sociais no marketing
- varejo
- atacado
- responsabilidade social do marketing
- marketing de *commodity*
- distribuição física.

O conceito dos 4 PS de McCarthy é também mencionado por diversos autores como um dos mais significativos esforços de definição do escopo de marketing.

Em 1972, surgiram, na Conferência de Inverno da American Marketing Association, alguns comentários de Kotler relativos à classificação dos fenômenos de marketing, usando os conceitos de micro, macro, normativo e positivo.

Foi proposto o esquema no qual, em marketing, todos os fenômenos, fatos, problemas, modelos, teorias e pesquisas podem ser classificados entre categorias dicotômicas de:

- **Setor de lucro / setor de não-lucro:** É o estudo de atividades de diversas organizações cujos objetivos estabelecidos incluem o lucro. Da mesma forma, o estudo orienta-se para entidades cujos objetivos não incluem a realização do lucro.
- **Micro/macro:** Sugere uma classificação baseada em nível de agregação.

Micro – refere-se às atividades de marketing de unidades individuais, normalmente organizações individuais (firmas) e consumidores ou domicílios.

Macro – indica um alto nível de agregação; usualmente sistemas de marketing ou grupos de consumidores.

- **Setor positivo/normativo:** A dicotomia positivo/normativo prevê categorias baseadas em focos de análise primariamente descritivas ou prescritivas.

Marketing positivo – adota a perspectiva de tendência a descrever, explanar, predizer e entender as atividades de marketing, processos e fenômenos atuais.

Marketing normativo – em contraste com o marketing positivo, o normativo tende a estabelecer o que as organizações de marketing devem ter e que espécies de sistemas de marketing uma sociedade deve ter.

A essas novas classificações de fatos e fenômenos que afetam o entendimento do que é marketing, agrega-se então o dilema: o marketing é arte ou ciência?

Entre as várias tentativas de avaliar se o marketing é ou não ciência, é interessante observar as seguintes ponderações:

a) "Um conjunto classificado e sistematizado de conhecimentos, organizado através de uma ou mais teorias centrais e um número de princípios gerais, usualmente expresso em termos quantitativos, conhecimentos que permitem a predição e, sob circunstâncias, o controle de eventos futuros".

b) "Há uma razão real, no entanto, pelo qual o campo de marketing tem-se desenvolvido lentamente como um conjunto único de teoria. E isto é simples: marketing não é uma ciência. Ele é antes uma arte ou uma prática e, como tal, mais fechada; mais comparável com a engenharia e arquitetura do que com a física, a química e a biologia. A profissão do médico estabelece, por exemplo, que seus membros são denominados "praticantes" da medicina, mas não "cientistas".

Por esse exemplo, o domínio conceitual do marketing é lucrativo/micronormativo e o marketing não pode ser uma ciência. Se, no entanto, o domínio conceitual do marketing inclui ambos os fenômenos, micropositivo e macropositivo, então o marketing é uma ciência. Se a amplitude do marketing inclui comportamento do consumidor, marketing de instituições, canais de distribuição, então não há razão para que os estudos desses fenômenos não sejam designados de ciência, afirma Shelby Hunt.

O sistema de marketing: os 4 Ps e os 4 As

Há dois sistemas integrados de marketing que definem os inter-relacionamentos dos elementos de marketing com o meio ambiente: os 4 Ps e os 4 As.

Os 4 Ps

O marketing-mix, ou composto de marketing, apresenta quatro funções básicas: Produto, Preço, Ponto e Promoção. Todos os elementos do composto foram criados e estabelecidos para atender ao mercado-alvo, ou seja, o consumidor.

Existe uma inter-relação constante entre os 4 Ps. O produto ou serviço deve satisfazer às necessidades e aos desejos dos consumidores. O ponto significa levar o produto da forma mais acessível e rápido possível ao mercado consumidor. O preço deve ser ajustado às condições de custo de fabricação e de mercado. E a promoção deve comunicar o produto ou serviço ao mercado, estimulando e realizando a venda, isto é, a transferência de posse.

Produto

Um produto ou serviço é considerado certo ao consumo quando atende às necessidades e desejos de seus consumidores-alvo. Um produto certo deve ter:

a) *Qualidade e padronização* – em termos de características, desempenhos e acabamentos.

b) *Modelos e tamanhos* – que atendam às expectativas e necessidades.

c) *Configuração* – a apresentação do produto em termos físicos, de embalagem, marca e serviço.

Ponto

O produto ou serviço só tem utilidade se posicionado junto ao seu mercado consumidor.

A escolha do ponto para o produto ou serviço relaciona-se com a escolha do canal de distribuição:

a) Atacado, varejo ou distribuidor

b) Transporte

c) Armazenagem

Preço

O produto deve ser certo, deve estar no ponto certo e deve ter sua posse transferida pelo preço certo.

O preço pode ser considerado: posto na fábrica; posto no cliente; atacadista, varejista ou distribuidor; líquido com desconto ou bruto sem desconto; com desconto por quantidade, por condição de pagamento etc.

Promoção

O composto promocional do produto ou serviço compreende a publicidade, as relações públicas, a promoção de vendas, a venda pessoal e o *merchandising*.

Os 4 As

O modelo desenvolvido por Raimar Richers descreve, além do composto mercadológico, a interação da empresa com o meio ambiente e avalia os resultados operacionais da adoção do conceito de marketing em função dos objetivos da empresa.

1. *Análise:* Visa identificar as forças vigentes no mercado e suas interações com a empresa. Os meios utilizados para isso são: a pesquisa de mercado e o sistema de informação em marketing.

2. **Adaptação**: é o processo de adequação das linhas de produtos ou serviços da empresa ao meio ambiente identificado através da análise. Isso ocorre através da apresentação ou configuração básica do produto: *design*, embalagem ou marca. E ainda por meio do preço e da assistência ao cliente.
3. **Ativação**: Os elementos-chave da ativação são a distribuição (seleção dos canais), a logística (a entrega e armazenamento de produtos), a venda pessoal (o esforço para efetuar a transferência de posse do bem ou serviço) e o composto de comunicação (publicidade, promoção de vendas, relações públicas e *merchandising*).
4. *Avaliação:* é o controle dos resultados do esforço de marketing, isoladamente e em conjunto. Essa função é também chamada de auditoria de marketing.

Estratégias de marketing: os 4Cs

Mais importante que ter um produto/serviço para ofertar é ter um **Cliente** para satisfazer.

17

Para reter esse cliente, é preciso proporcionar a ele uma série de **Conveniências**.

A **Comunicação** é o momento de sedução, que visa empolgar ou estimular o cliente a comprar um produto ou serviço.

E o **Custo** não pode estar acima das expectativas nem ser calculado de forma a causar prejuízo a quem está vendendo.

Capítulo 2

O PAPEL DO MARKETING NAS PEQUENAS E MÉDIAS EMPRESAS

A adoção do marketing na realidade brasileira vai apenas um pouco além da prática do composto promocional. O marketing ainda é um fenômeno relativamente recente, pois é entendido e praticado como tal no Brasil há menos de três décadas. E talvez por isso mesmo ainda seja confundido por muita gente com propaganda ou com vendas, exclusivamente.

Os estímulos crescentes à produção e à exportação têm contribuído, e muito, para a adoção do marketing no Brasil. E essa importância do marketing, antes privativa da área de consumo de massa, agora se amplia junto aos setores básicos da atividade industrial, com o marketing industrial; na atividade agrícola e pecuária, com o marketing agrícola; na atividade de serviços públicos e privados e de saúde, com o marketing de serviços.

Maximizar o consumo ou maximizar a satisfação do consumidor?

O papel social do marketing é, sem dúvida, satisfazer às necessidades do consumidor. Mas o que se vê na realidade brasileira é que o marketing é muitas vezes acionado na expectativa de criar desejos de consumo de certos produtos ou serviços inócuos ou que não atendem a nenhuma necessidade.

Entende-se que o marketing não cria hábitos de consumo, mas estimula a compra de produtos ou serviços que satisfazem a alguma necessidade latente. É uma analogia com a teoria da motivação: as pessoas não são motivadas. A motivação é um *drive*, uma força interior que reage positiva ou negativamente a um estímulo externo. Assim, uma campanha publicitária pode estimular o consumidor a comprar algo que ele no íntimo ou no subconsciente já desejava ou estava predisposto a tal? Eis um tema interessante para discussão.

Maximizar a escolha ou a qualidade de vida?

Entre as opções de compra que são dadas ao consumidor, qual é a que constitui uma expectativa de melhora efetiva da qualidade de vida?

Esse é o pressuposto do marketing: estimular o consumo de produtos que efetivamente constituam melhora na qualidade de vida.

Assim como o médico não salva as pessoas, mas tenta melhorar a qualidade de vida delas, o marketing age como desencadeador de opções melhores de qualidade de vida.

Essa ação deve ser direcionada para melhorar as condições físicas e culturais da população, bem como oferecer produtos e serviços de qualidade compatível com as necessidades e expectativas de preço e de fácil acesso.

As condições para o marketing

A adoção do conceito de marketing deve levar em conta as oportunidades de mercado. Nenhuma empresa estará disposta a investir em marketing, se não visualizar um retorno compensador.

Para maximizar as oportunidades de mercado, há três estratégias de mercado que podem ser selecionadas:

1. *Marketing não diferenciado:* A empresa não reconhece a existência de diferentes segmentos de mercado em um mercado-base. Utiliza uma estratégia única de composto de marketing para atingir esse mercado.

2. *Marketing diferenciado:* A empresa decide atingir diversos segmentos de mercado, desenvolvendo um composto de marketing diferente para cada segmento. Exemplo: os custos diferentes para atingir mercados diferentes poderão significar custos de distribuição diferentes e preços diferentes.

3. *Marketing concentrado:* A empresa desenvolve uma segmentação de mercado, porém estabelece uma mesma política de composto de marketing para atingir segmentos-alvo.

Capítulo 3

O ASSOCIATIVISMO

No dia 10 de outubro de 1963, pouco mais de vinte proprietários e diretores de pequenos, médios e grandes supermercados fundaram a Associação dos Profissionais do Comércio Varejista das Empresas de Supermercados do Estado de São Paulo (APCVESESP). Esse foi o primeiro registro referente ao processo associativista no Brasil.

Nas associações, os empresários, pequenos investidores ou empreendedores, podem, em conjunto, decidir, apoiar e coordenar as ações que visam definir qual a melhor alternativa para o desenvolvimento de suas organizações empresariais e gerar oportunidades de negócios na região.

Essas organizações obedecem a requisitos básicos para sua sobrevivência. Dentre eles destacam-se:

a) Identidade visual

O associar-se significa na prática a construção de uma nova identidade visual, que passa a ser obrigatória, visando impactar o mercado. É essa identidade que define, em última análise, o *core business*, ou seja, qual é o foco de atuação do negócio, a direção pretendida. Assim, o *core business* não é estanque, mas atrelado à identidade, à marca.

O processo de comunicação inicia-se com a construção de uma identidade visual única para todos os associados. É preciso que o consumidor perceba, em todas as lojas integrantes da associação, uma unidade de fachada, de sinalização interna, de departamentalização (*lay-out*), de uniformes dos colaboradores, de sacolas e *design* de saída dos *check-outs*. A marca defendida agora não é mais objeto de um único representado, mas de todos.

Não discutimos aqui o conceito de marca, mas simplesmente a sua obrigatoriedade como carro-chefe de um novo modelo de administração: o que antes pertencia a *um único sócio* agora é objeto de *vários associados*.

b) Comunicação – unidade de linguagem

A unidade de linguagem precisa ser dimensionada através do estabelecimento de padrões. É impossível garantir que o consumidor perceba qualidade sem que alguns diferenciais de linguagem sejam aplicados. O primeiro e mais importante diz respeito aos próprios empresários que comporão a associação: todos deverão utilizar um discurso igual ou semelhante.

Vencida essa etapa, é necessário estabelecer uma linguagem padrão para os colaboradores, especialmente aqueles que terão de lidar com o público consumidor. Ao atender o telefone, nos diálogos com clientes, o colaborador deverá obedecer a um padrão, por exemplo: "loja xis, rede tal, bom dia, boa tarde, boa noite."

Essa linguagem, no entanto, não se resume ao falar, estando principalmente na adoção de atitudes capazes de identificar os integrantes da associação. O corpo fala e as atitudes são muito mais importantes do que palavras. Tão importante quanto a linguagem, a comunicação deverá valorizar atitudes que agreguem valor ao negócio.

c) Envolvimento (conscientização)

As associações, de certo modo, foram construídas a partir do modelo democrático. Historicamente, grupos de artesãos foram os primeiros a se reunir debaixo de uma bandeira com objetivos comuns, para fazer frente ao processo de Revolução Industrial na Europa no século XVIII. Daí em diante, cresceu a consciência de que o modelo democrático é muito bom, mas para funcionar precisa de envolvimento e de participação.

Essa participação só é possível pela tomada de consciência de que essa é a única forma de garantir que as decisões e as ações adotadas no conjunto possam satisfazer as necessidades individuais, reduzindo, desta maneira, a possibilidade de distensão no grupo.

O erro mais comum cometido pelas associações é a delegação. Normalmente o processo de formação das associações é extremamente prejudicado pela falta de participação e de compromisso de seus integrantes. É necessário encarar a associação como uma extensão do negócio, como uma verdadeira geradora de oportunidades e de benefícios.

d) Comprometimento

De nada adianta envolvimento sem compromisso. A sobrevivência de qualquer sistema associativo depende do comprometimento. É preciso, antes de tudo, imaginar o que o associado pode fazer pela associação, porque o crescimento desta é a garantia do crescimento do associado.

O maior erro cometido pelas associações é justamente este: organizar-se, montar uma diretoria e os associados acreditarem que só a diretoria é quem deve trabalhar.

Comprometimento é uma palavra derivada de compromisso. É preciso ter compromisso pessoal consigo mesmo e compromisso com o grupo. Sem isso, não há como uma associação funcionar a contento.

Benefícios do processo associativista

a) Recrutamento, seleção e treinamento

Um dos maiores gargalos do varejo é a taxa de *turn-over*, ou seja, a taxa de rotatividade da mão-de-obra empregada. Essa taxa onera as empresas, que perdem, da noite para o dia, os investimentos feitos em qualificação e requalificação da mão-de-obra e amargam custos variáveis ainda maiores em razão dos encargos incidentes sobre as rescisões.

Assim, é necessário que a associação ofereça serviços de recrutamento e seleção capazes de garantir a redução da taxa de rotatividade, buscando no mercado profissionais qualificados previamente pelos menores custos possíveis.

Ao lado desses serviços, será preciso investir com muita convicção em treinamento de pessoal. Só o treinamento garantirá, no médio prazo, a construção de uma equipe de colaboradores capazes, motivados, tecnicamente conhecedores de suas habilidades e comprometidos com os planejamentos estratégico, tático e operacional de cada uma das pessoas jurídicas integrantes da associação.

O diagnóstico da situação atual é o primeiro passo para o estabelecimento de uma Política de Recursos Humanos que contemple a excelência em matéria de aquisição e manutenção de talentos individuais capazes de bem representar os interesses dos associados.

Como instrumento de Recursos Humanos será necessário realizar uma pesquisa de clima organizacional e posteriormente analisar situações de acordo com a capacidade individual de cada colaborador, visando readequar funções e estabelecer as bases para um plano de cargos e salários, no qual o sentimento de pertencer a uma organização de sucesso seja, ao mesmo tempo, agregador e capaz de produzir resultados de longo prazo.

b) Assessoria de Marketing

Indispensável no planejamento, no dimensionamento e na construção de cenários que determinam, num primeiro instante, as possibilidades de movimentação no mercado. Os cenários são de extrema importância para que os associados compreendam onde estão e aonde pretendem chegar.

São os cenários que apontam as bases para um excelente Plano de Marketing que determine e contemple com precisão o posicionamento da associação perante o mercado, a análise da concorrência, os pontos críticos de sucesso, as estratégias de curto, médio e longo prazo e os diferenciais que poderão ser ofertados ao mercado. Ele determinará, sobretudo, qual será a forma de abordar o mercado, ou seja, como os associados irão comunicar-se com o mercado: que idéias, ideais e mensagens pretendem transmitir em sua estratégia de comunicação visando atingir os objetivos propostos.

No plano estritamente operacional, a função Marketing cuidará de estabelecer uma linguagem universal compreendida por todos: associados, clientes internos (colaboradores) e clientes externos (consumidores). Traçará, também, metas e objetivos de relacionamento com fornecedores, visando parcerias comerciais que possibilitem a obtenção de vantagens para ambas as partes (fornecedor/associado).

A análise sistemática do mercado possibilitará obter ganhos de competitividade, uma vez que, depois de descobertas as estratégias dos concorrentes, torna-se muito mais fácil combatê-las ou copiá-las (*benchmarking*).

c) Assessoria Operacional

No plano operacional incluem-se táticas de administração de logística, de armazenagem e reposição contínua de mercadorias. O objetivo maior dessa assessoria é reduzir ao mínimo aceitável o tempo de giro dos estoques.

A administração responsável de estoques e de logística tem como base garantir o produto certo, no momento certo, no lugar certo. O custo de estocagem é proibitivo para o varejista e reflete-se negativamente na rentabilidade do negócio: quanto menor o giro, maior o custo. A regra é simples.

A logística deverá compreender uma série de procedimentos implantados ao longo do tempo, capazes de garantir um mínimo de ocupação de espaços físicos para estocagem de produtos e a redução das quebras ocasionadas por má gestão.

Um Plano de Administração de Logística incluirá, inclusive, o planejamento para a formação futura de um Centro de Distribuição onde a administração de estoques poderá ser feita de maneira centralizada, reduzindo custos fixos e variáveis.

Além disso, será necessário que todos os envolvidos entendam o que é cadeia de valor e qual a sua importância para o processo de conquista e manutenção de clientes. A cadeia de valor estará mais próxima da realidade quanto mais se aproximar das necessidades e das expectativas dos clientes. É parte de um processo contínuo que leva em conta as atividades de recebimento, produção, vendas e expedição, de acordo com as perspectivas ditadas pelos clientes, que alimentam um sistema de informações capaz de determinar seu comportamento e facilitar o direcionamento dos fornecedores em suas estratégias, de modo a garantir o fornecimento hoje e sempre de produtos adequados.

d) Assessoria Jurídica

Além de todo o processo de implantação de uma associação desse porte, uma Assessoria Jurídica tem papel de fundamental importância na defesa dos interesses dos associados. Analisará, sempre que necessário, os contratos fechados em nome da associação, bem como as relações cliente/fornecedor/varejista.

Essa assessoria terá por finalidade realizar os trâmites relativos ao registro da associação, auxiliar, zelar e defender os associados em aspectos cíveis, tributários e trabalhistas, judicial ou extra-judicialmente.

e) Assessoria de Informática

Hoje é praticamente impossível o gerenciamento de qualidade e principalmente a gestão do negócio sem os fundamentos de dados que assegurem a decisão certa no momento certo. Também está se tornando impossível realizar bons negócios frente ao volume cada vez mais crescente de fornecedores e de obrigações que o varejista normalmente assume e que nada têm a ver com o *core business* de seu negócio, ou seja, comprar bem e vender melhor ainda.

A informática assume papel de extrema importância na medida em que oferece dados confiáveis sobre compras e vendas e, principalmente, sobre os hábitos de consumo dos clientes freqüentadores das lojas. É com base nesses dados que as decisões poderão ser tomadas com maior confiabilidade e agilidade, garantindo maior rentabilidade do negócio, sem falar na facilidade de relacionamento com os clientes em função da formação de bancos de dados específicos que armazenem seus dados pessoais, suas preferências, suas necessidades e expectativas. Pode-se adotar ainda um cartão de relacionamento com o cliente para cadastros ou créditos pré-aprovados, reduzindo o tempo de espera em filas e aumentando o grau de satisfação desses consumidores.

Soluções como comércio eletrônico através da Internet tornam-se cada vez mais usuais, com a vantagem de tratar-se de tecnologia cada vez mais popular e, acima de tudo, de baixíssimo custo. A Internet também pode ser usada para realizar compras em sistema de cotação, liberando o varejista para cuidar mais da loja.

f) Assessoria Financeira

Como todo negócio que visa lucro, uma associação empresarial não pode abrir mão de um rigoroso controle financeiro, que poderá ser feito através de sistemas eletrônicos de trocas de arquivos. Esses controles devem ser efetivados em relação à associação, mas poderão servir de base para os associados individualmente, em especial na análise de formação de custos e preços, na análise do fluxo de caixa e do comportamento do mercado.

Além de responder pela análise preliminar para eventuais candidatos a integrar a associação, essa assessoria tem ainda por finalidade garantir que as receitas e as despesas sejam realizadas dentro do planejamento adotado e aprovado pelos associados.

Cuidará ainda dos ativos financeiros e fará uma análise de conjuntura econômico-financeira e quanto a investimentos e captações de recursos junto a instituições públicas e privadas.

Responsável pela garantia de qualidade na gestão orçamentária e financeira, nos controles de caixa, de bancos, de contas a pagar e a receber, a Assessoria Financeira cuidará da gestão dos créditos e débitos da associação, garantindo que os compromissos assumidos sejam saldados nas datas respectivas.

Para os associados, promoverá uma análise das receitas e das despesas, de modo a possibilitar a melhoria do processo de gestão do negócio.

g) Assessoria Comercial e Marketing

A Assessoria Comercial atua em duas áreas distintas: compras e vendas. Em ambas as áreas tratará de obter vantagens para os associados. Na área de compras, buscando excelência de procedimentos, visando obter os melhores preços, prazos e condições de pagamento possíveis. Essas ações incluem, por exemplo, o estabelecimento de negociações com os fornecedores que contemplem pelo menos os seguintes critérios:

- Verba de abertura de loja
- Desconto em Nota Fiscal
- Bonificação na entrega do produto
- Verba de publicidade
- Promotor nas lojas
- Degustação

- Contribuição percentual sobre as compras efetivadas ao fornecedor
- Inscrição em sistema eletrônico de compra e venda
- Verba de introdução de produto
- Verba de aniversário de loja
- Verba de reinauguração de loja.

Por outro lado, na área de relacionamento com clientes, essa assessoria deverá garantir que a satisfação dos clientes esteja em primeiro lugar, que seja levado ao extremo o princípio de que quem manda é o freguês. Para isto, deverá interagir com as demais áreas da associação (Recursos Humanos e Marketing, por exemplo), visando assegurar-se da implantação, operacionalização e manutenção, no mínimo, dos seguintes serviços:

- Telemarketing, 0800, Internet
- Cartão de Relacionamento
- Atendimento personalizado
- Ações promocionais no PDV
- Serviço de Atendimento ao Cliente
- Ouvidoria (*Ombudsman*)
- Entregas em domicílio
- Caixa de sugestões.

Necessidades dos pequenos varejistas

a) Dimensionamento dos custos

A medição de custos deixa de ser uma atividade empírica baseada no senso comum e passa a funcionar com o auxílio do rigor científico. Os custos serão dimensionados a partir de dados concretos que possibilitem a tomada de decisão fundada na melhor solução possível, e não em crenças e ilusões adquiridas pelo hábito cotidiano.

Reavaliar a composição de custos do negócio varejista é imperativo para a sobrevivência, só que esse mesmo varejista precisa estar disposto ao aprendizado que a associação possibilita. O aprendizado precisa ser contínuo, uniforme e constante.

b) Identificação de desperdícios

Os desperdícios estão em toda parte: começam nos lares e potencializam seus efeitos negativos no mundo dos negócios. Além das quebras de produtos por erros de manipulação na área de perecíveis, as perdas por furtos, roubos e laceração ultrapassam o limite do aceitável.

O primeiro passo para superar esse problema é medir, atividade que a maioria dos varejistas ainda desconhece.

A associação pode auxiliar na implantação de processos capazes de recuperar essas perdas e incorporá-las à rentabilidade final do negócio.

c) Pontos fracos

Mudar é preciso, mas mudar como, se nem mesmo a capacidade de identificar as dificuldades parece existir? A associação promove a reflexão sobre as ineficiências do varejista, de modo a contribuir para o reconhecimento de seus pontos fracos e, sobretudo, de como atuar de forma pró-ativa para superá-los.

A superação dos erros só poderá ser alcançada a partir da tomada de decisão de mudar, e mudar para melhor, aprendendo a cada dia com o grupo, compartilhando experiências e vivências, transformando o negativo em vantagem competitiva, estabelecendo alianças estratégicas para o desenvolvimento de uma visão ampliada das soluções para os problemas.

d) Aprimoramento

Se, por um lado, a cultura associativa terá que condenar os erros e apontar caminhos para solucioná-los, por outro recompensará os acertos. Na prática, essa valorização é seguida do reconhecimento, geralmente público, de que este ou aquele associado melhorou sensivelmente.

Essa melhora decorre do ato de "provar o remédio amargo" da

mudança. É preciso ter coragem e humildade para suportar a mudança; mais do que isso, é preciso amar o que se faz para alcançar os objetivos traçados.

A instituição de prêmios entre os associados pode ser um excelente ingrediente de estímulo e recompensa pelos acertos. Outra prática que pode ser adotada é a competição sadia entre os associados, de modo que um sempre queira superar o outro, dentro de um modelo pré-determinado, em que ganham todos: varejistas, fornecedores, clientes e colaboradores.

Visão de Mercado

> **PREÇO = REFERÊNCIA**
> **DIFERENCIAIS = SOBREVIVÊNCIA**

a) Profissionalização da Operação

As empresas dependerão, para sobreviver, muito mais das pessoas e do relacionamento que desenvolverem com seus clientes visando a satisfação de suas necessidades e de suas expectativas. Cada vez mais será necessário o aperfeiçoamento, seja de dirigentes ou de colaboradores, para que o varejo sobreviva.

b) Qualidade de Atendimento

Qual tem sido a atitude de *marketing* das pequenas e médias empresas diante da realidade da mudança nas relações de poder no mercado consumidor? A maioria nem sequer tem um planejamento de curto prazo. Há empresas que ainda nem se preocupam com as lições básicas: operam na crença de que oferecer o menor preço, o melhor prazo de pagamento, o lugar mais confortável ou um belo sorriso ainda sejam grandes diferenciais. Na verdade, isso passou a ser o dever de casa, o obrigatório.

Para a satisfação do cliente, é preciso ir além do básico; é preciso surpreender, cativar, encantar, enfim, produzir um ambiente onde a orientação do negócio seja voltada para a percepção do cliente. É a cadeia de valor onde o indivíduo é reconhecido e tratado de forma singular e não como um número contabilizado ao final do mês. O pecado mortal cometido pelas empresas talvez seja ignorar as individualidades, apostando em estratégias voltadas para o consumo de massa; erro que se consagra e se reafirma no investimento em mídia de massa (TV e rádio, por exemplo). O investimento pesado nesse tipo de propaganda vai atrair, com certeza, o cliente de transação que, fascinado pelas ofertas, irá comprar uma, duas, três ou até mesmo mais vezes, abandonando a oferta anunciada tão logo descubra transação mais atraente. Essa mídia voltada para o consumo de massa cria condições temporárias para que mais clientes sejam atraídos em determinado momento, mas no longo prazo vai demonstrar-se inócua, perdendo a eficácia, porque o foco é voltado exclusivamente para atividades de pré-venda e venda. Não há, nesse esforço, espaço para relacionamentos mais duradouros e verbas para investimentos no pós-venda.

Trabalhar o pós-venda é assegurar-se, antes de tudo, de que os investimentos em mídia tiveram retorno, a satisfação do cliente foi garantida e que certamente ele retornará, pois perceberá o quanto é importante para aquela organização. Mais do que o impulso atrativo da mídia, o cliente saberá que a empresa se preocupa com o que ele (cliente) pensa a respeito do atendimento. É a hora da verdade: o marketing direto instituindo o relacionamento, conforme classificação proposta por KOTLER (1994) quando estabelece os diferentes tipos de ações de marketing:

> *"Básico, o vendedor vende o produto, mas não faz qualquer acompanhamento posterior; reativo, o vendedor vende o produto e incentiva os clientes a ligarem sempre que tiverem algum problema ou dúvida; confiável, o vendedor liga para o cliente*

*após a venda para verificar se o produto satisfez suas expectativas ou se houve decepções; pede sugestões para melhorar o produto, o que ajudará a empresa a aperfeiçoar continuamente suas ofertas; **pró-ativo,** o vendedor ou outra pessoa da empresa liga para o cliente de tempos em tempos com sugestões sobre melhor uso do produto ou novos produtos úteis; **parceria,** a empresa trabalha continuamente com o cliente para identificar meios de oferecer o melhor valor."*

Esses níveis classificatórios de relacionamento estão intimamente ligados à quantidade e lucratividade dos clientes de determinada empresa. Quanto maior o número de clientes, menores serão as margens de contribuição e de lucro, logo essa empresa provavelmente praticará um marketing de relacionamento básico. É o caso típico de algumas marcas de refrigerantes que trabalham com margens de lucro extremamente apertadas. Uma companhia dessa área de atuação dificilmente manteria contato direto com o consumidor final e seria bastante recomendável que seus investimentos em mídia privilegiassem propaganda de massa. A mesma estratégia não poderia ser aplicada a uma empresa que comercializa aviões, tendo em vista que sua quantidade de clientes é extremamente reduzida e a empresa opera com margens de lucro elevadas, justificando-se um nível de relacionamento de nível superior.

Poderíamos concluir que as empresas de varejo não devem desenvolver marketing de relacionamento em níveis mais elevados? Pelo contrário, o marketing de relacionamento vem se firmando como a base para que as empresas de varejo mantenham suas clientelas atuais e conquistem a fidelidade dos novos clientes conquistados.

Para que esse relacionamento aconteça, é preciso que alguns

pressupostos sejam assegurados. Para Terry Vavra, por exemplo:

"é necessário aproximar-se dos clientes, agradecer as atitudes do cliente, observar os clientes e as atitudes que eles desenvolvem, analisar a informação que os clientes proporcionam, atuar a partir do que aprendeu com os clientes, demonstrando boa disposição a ouvi-los e a mudar procedimentos operacionais ou produtos para melhor satisfazê-los." ([1])

Objetivamente será preciso conhecer cada vez melhor os clientes e oferecer-lhes atendimento cada vez mais individualizado. Mas como individualizar situações, se o mundo está cada vez mais globalizado?

c) Prestação de Serviços

O *case* de relacionamento mais famoso é do Grupo Pão de Açúcar, composto pelas lojas de Hipermercados Extra, Pão de Açúcar, Barateiro e Eletro.

Essa rede foi a primeira no Brasil a implantar a figura do *ombudsman*, cargo exercido por Vera Giangrande. Ela promoveu verdadeira revolução no varejo de auto-serviço do país quando inverteu a ordem do poder nas relações de consumo: implantou Serviços de Atendimento ao Cliente, estabeleceu canais de comunicação, criou e implantou Grupos de Representação do Consumidor e, finalmente, implantou o cargo de *Ombudsman* do Fornecedor, com a finalidade de desenvolver relacionamento com os fornecedores.

---

[1] VAVRA, Terry. "Postmarketing: La Importancia de Retener Al Cliente", artigo disponível no site http://www.geocities.com/hollywood/studio/1554/artigos/artigo17.html. Acesso: 12 jun 2002.

Mas o que vem a ser o *ombudsman*? O cargo surgiu na Suécia em 1809, com a missão de exercer o controle da administração, verificar a observação da lei pelos tribunais, podendo processar aqueles que cometessem negligências ou ilegalidades no exercício de seus deveres, obrigando-os a reparar a falta cometida.

O que fica claro, desde a origem da função do *ombudsman,* é a sua íntima ligação com a defesa dos direitos individuais e a proteção das pessoas. A Constituição brasileira de 1988 abriu o caminho para que os direitos individuais começassem a ser mais respeitados. A confirmação desses princípios foi esculpida com a criação do Código de Defesa do Consumidor, em 1990.

As vantagens do associativismo

a) Poder de compra

Para os pequenos varejistas, o desafio é gerar escala. Como conquistar o respeito do fornecedor se o pequeno normalmente não tem escala? Aí é que surge a vantagem da associação: reunidos, os varejistas ganham força para barganhar na negociação, para exigir propostas mais vantajosas para todos. É deixar o plano individual e partir para o coletivo.

b) Comunicação & Marketing

Isolado, o varejista realiza ações promocionais de curto prazo de pouco ou nenhum impacto sobre o mercado. Seus recursos são reduzidos, seu poder de impactação é limitado e a ação da concorrência é implacável.

Trata-se de um círculo vicioso que elimina a possibilidade de progresso porque, por mais que o varejista tenha excelentes estratégias e idéias, estará sempre acorrentado à limitação de ação prática, imposta pela falta de recursos. A pulverização de suas verbas ocorre em meio a uma enxurrada de propaganda contrária, surtindo efeitos quase sempre muito abaixo das necessidades de crescimento impostas pelo mercado.

c) Acesso a capital

Os custos de capitalização estão cada vez mais onerosos para pequenas e médias empresas. Empréstimos tomados às instituições financeiras podem, em última análise, levar ao encerramento precoce do negócio.

Outro ponto a considerar é a falta de atração do mercado financeiro em relação ao indivíduo, ou seja, é mais fácil dizer não a um empresário só do que a um conjunto unido em torno de um objetivo comum.

d) Tecnologia da Informação

Novas tecnologias demandam altos investimentos. Seja em equipamentos, seja em formação, treinamento e desenvolvimento de equipes operacionais, o componente tecnologia sempre está acompanhado da necessidade de investimentos de monta.

A união em torno de uma associação possibilita o compartilhamento de tecnologia, o rateio dos investimentos e, por conseqüência, democratiza o acesso de pequenas e médias empresas às ferramentas tecnológicas mais atualizadas, possibilitando a otimização de tempo e, principalmente, da aplicação de recursos.

e) Lucratividade

Administrar uma empresa com lucratividade significa, antes de tudo, exercer o papel criador e motivador de otimização dos processos, de busca incessante pela qualidade, de satisfação do cliente.

Não se deve confundir lucratividade com margem de contribuição. Iludidos pelo uso da margem de contribuição, muitos varejistas ainda acreditam que estão "lucrando" os 40% de margem que adicionam ao preço de compra dos produtos. É preciso desmistificar esse conceito errôneo que se formou e entender, de vez, que lucro não é a mesma coisa que margem.

Capítulo 4

PLANEJAMENTO MERCADOLÓGICO E PLANEJAMENTO ESTRATÉGICO

O planejamento mercadológico envolve a organização sistemática de ações programadas para atingir os objetivos da empresa no tempo e no espaço, através do processo de análise, avaliação e seleção das melhores oportunidades de mercado. Não deve ser confundido com a previsão, embora a previsão seja parte necessária e importante dos procedimentos a serem desenvolvidos.

O meio ambiente da empresa

O primeiro passo é a avaliação das forças externas e vigentes no âmbito da empresa.

Devem-se recolher as informações básicas sobre o meio ambiente da empresa, processá-las e, a partir delas, formular o planejamento mercadológico. O meio ambiente da empresa divide-se entre macro meio ambiente e o micro meio ambiente.

Macro meio ambiente econômico-demográfico: são as informações que afetarão direta ou indiretamente os negócios da empresa, como a inflação, as restrições de crédito, a balança comercial e o meio de pagamento do país, o Produto Interno Bruto (PIB), o índice geral de preços, o comércio exterior, as finanças-empréstimos, os cheques compensados, as concordatas requeridas, os dados setoriais de produção, os índices de emprego do setor industrial, as mercadorias e outros indicadores econômicos.

Macro meio ambiente tecnológico: a tecnologia e sua dinâmica são termômetros do futuro. Que mudanças tecnológicas ocorrem e poderão tornar o produto ou serviço oferecido obsoleto? Que substitutos genéricos podem ocupar o lugar do produto? Quais os custos, os riscos envolvidos e as implicações econômicas da inovação tecnológica? Há tecnologia barata disponível no Brasil ou no exterior? Qualquer esforço será arriscado sem o esclarecimento dessas questões. O S.I.M (Sistema de Informações de Markting). ajuda a empresa na pesquisa da tecnologia disponível, minimizando o custo de desenvolvimento de novos produtos que podem resultar em fracasso tecnológico e/ou mercadológico. Mas nem sempre uma pesquisa tecnológica bem-sucedida conduz a um produto bem-sucedido do ponto de vista mercadológico. É preciso compatibilizar a viabilidade da produção industrial com os resultados da pesquisa tecnológica e mercadológica para minimizar eventuais fracassos.

Além dos dados científicos que orientam uma decisão, vale lembrar que é importante uma grande dose de sensibilidade e criatividade. Isso porque "o momento" no qual ocorre a decisão é um aspecto extremamente importante. Empresas lentas em seu processo de decisão tendem a perder mercados competitivos.

Etapas	Ênfase da pesquisa tecnológica	Ênfase da pesquisa mercadológica
Idéias para novos produtos: - obtenção - avaliação	- Experimentação - Solução técnica de problemas existentes	Fontes de pesquisa para idéias: - clientes - concorrentes - canais de distribuição - governo - pesquisa de desenvolvimento - força de vendas da empresa - alta administração - sugestão dos empregados
Investigação e exploração de idéias	- Possibilidades técnicas - Problemas científicos - Praticabilidade técnica	Fontes de pesquisa: - grupos de estudo - lista de atributos - *brainstorming* - análise de listagem de problemas
Pesquisa desenvolvimento de protótipos	- Características e *design* do produto e criação do protótipo - Desempenho - Custos	Fontes de pesquisa: - potencial de mercado do produto por segmento
Testes	- Desenvolvimento do processo de fabricação	Fontes de pesquisa: - aceitação do produto - embalagem para preservação do produto - preço - distribuição - propaganda/promoção *merchandising* - metodologia da pesquisa: teste-piloto através de: • determinação do universo. • seleção da amostra: *cluster analysis*
Aceitação e estimativa de demanda	- Análise dos resultados do teste de produto, para reavaliação das	Fontes de pesquisa: - segmentação do mercado no novo produto

	Características técnicas para produção e uso em larga escala	- seleção de variáveis geográficas - tamanho de regiões de clientes - benefícios desejados do produto - finalidade do uso - volume do consumo - *grid* de marketing, para cálculo de demanda
Difusão e adoção de novos produtos	—x—	Fontes de pesquisa: - Difusão: inovação; comunicação; sistema econômico-social; dimensão do tempo - Adoção: estágio de consciência estágio de interesse estágio de avaliação estágio de experimento estágio de adoção
Previsão de vendas	—x—	- Determinação do tamanho de mercado, métodos específicos de previsão de vendas: - júri de opinião - força de vendas - expectativa de comprador industrial - Delphi - análise de correlação e regressão
Produção inicial de vendas	- Especificações do produto para produção em série	- uso de critérios financeiros: - fluxo de caixa - retorno de investimento
Razões para fracassos	- Inadequação do produto às condições de produção	- Análise de mercado inadequada - Defeitos no produto - Preço alto - Baixo desempenho - Relação da concorrência - Marketing inadequado

Idéias para novos produtos: obtenção e avaliação

A pesquisa tecnológica busca, através da experimentação e da solução técnica de problemas existentes, obter idéias para novos produtos e avaliar, do ponto de vista tecnológico, a viabilidade de produção desses bens ou serviços.

A pesquisa mercadológica procura levantar idéias e sugestões para novos produtos junto a clientes, em confronto com o que a concorrência apresenta de novo, junto aos canais de distribuição, junto ao próprio governo e seus órgãos de pesquisa e desenvolvimento, junto à força de vendas da empresa, junto a empregados e à alta administração da empresa etc.

Investigação e exploração das idéias

A pesquisa tecnológica investiga as possibilidades técnicas das idéias geradas, os problemas científicos e suas conseqüências, bem como a praticidade técnica para a exploração em escala industrial das idéias.

A pesquisa mercadológica investiga a possibilidade de exploração das idéias através de reuniões de grupos (comitês de novos produtos), de listagem de atributos e de problemas, e uso de *brainstorming* (cada um diz o que acha sem censura) etc.

Pesquisa e desenvolvimento do protótipo

A pesquisa tecnológica - pesquisa e desenvolve protótipo do bem industrial, de modo que sejam analisadas as características do produto e seu futuro desempenho e custos de produção.

A pesquisa mercadológica - procura calcular o potencial de mercado do produto em análise por segmento de mercado a que se destina.

Testes

A pesquisa tecnológica desenvolve os processos de fabricação, os controles e os métodos de produção, especifica as características de cada componente do bem industrial e respectivas fontes de suprimentos e de matérias-primas.

A pesquisa mercadológica testa os seguintes pontos: a aceitação do produto entre os consumidores industriais típicos, a necessidade de embalagem para a preservação e transporte do produto, os canais de distribuição, o tipo de propaganda e promoção necessário etc. A metodologia para esse teste, chamado teste-piloto, leva em conta a determinação do universo e a seleção da amostra por julgamento. Em alguns casos, chega ao resultado através do chamado *cluster analysis,* em que cada segmento de mercado que guarda certas características do universo é chamado de *cluster.* O inter-relacionamento dos diversos *clusters* permite determinar um *cluster* que reúna todas as características representativas do *universo* como um todo. Tal método é muito aplicado para a determinação de áreas para testes de mercado, sendo mais aplicado para produtos de consumo de massa do que para produtos industriais.

Aceitação e estimativa de demanda

A pesquisa tecnológica: através da análise dos resultados do teste do protótipo ou de uma comercialização em pequena escala, processa-se uma reavaliação das características técnicas para a produção e uso em larga escala do produto.

A pesquisa mercadológica visa levantar a aceitação do novo produto e a estimativa de demanda por segmentos de mercado, procurando levantar junto aos públicos-alvo pontos como o tamanho das regiões e dos clientes, os benefícios desejados por eles, a durabilidade e a economia esperada, a finalidade do uso e o volume do consumo. Procura-se também calcular a demanda do novo bem industrial montando uma matriz ou *grid* do esforço mercadológico necessário e a respectiva demanda esperada.

Difusão e adoção de novos produtos

A pesquisa mercadológica visa identificar o grau de difusão da inovação que o produto representa, do processo de comunicação que difunde junto aos seus segmentos-alvo etc. O processo de adoção deve ser avaliado pelo estágio em que o comprador se encontra com relação ao produto: consciência da existência do produto, interesse, avaliação das vantagens e desvantagens da adoção, experimento e, finalmente, a adoção.

Previsão de vendas

A pesquisa mercadológica utiliza-se de alguns métodos de previsão de vendas, como o júri de opinião dos executivos de vendas da empresa, a previsão da força de vendas, a expectativa dos compradores e o método de análise de correlação e regressão com produtos similares disponíveis no mercado interno e/ou externo.

Produção inicial e vendas

A pesquisa tecnológica determina as especificações finais do bem para a produção em série.

A pesquisa mercadológica: nesse ponto, a ênfase de marketing é no cálculo do retorno esperado sobre os investimentos realizados e os fluxos de caixa que prevêem os gastos de marketing e o lucro esperado.

Razões para fracassos

A pesquisa tecnológica procura determinar as inadequações do produto aos processos de fabricação e ao seu uso.

A pesquisa mercadológica analisa as eventuais inadequações do produto ao mercado, os defeitos que surgem no uso do produto pelo cliente, a adequação do preço, o desempenho etc.

No macro meio-ambiente, é essencial a coleta sistemática de informações acerca dos aspectos legais e políticos que podem afetar a empresa. É importante saber as disposições legais que existem ou podem vir a existir que comprometam os negócios da empresa.

Macro meio ambiente político-legal: Que ações de âmbito federal, estadual ou municipal podem afetar os negócios de uma empresa? O que ocorre nas áreas de controle da poluição, legislação e segurança do trabalho, segurança do produto, controle de preços, código de ética de propaganda etc.? O que é relevante como informação quantitativa e qualitativa para o planejamento de marketing? Muitas vezes, não basta à empresa possuir canais estabelecidos de informações, é necessário buscá-las, até se necessário, através do *lobby* político, isto é, através de pessoas que tenham acesso a tais informações.

Macro meio ambiente sócio-cultural: A empresa deve dispor de mecanismos dinâmicos e eficazes que avaliem *constantemente* o desempenho e a aceitação de seus produtos ou serviços. E questionar-se:

* Que atitudes o público está tomando com relação aos negócios e aos produtos?

* Que mudanças estão ocorrendo nas condições de compra dos consumidores e que valor têm para a formulação de métodos mercadológicos?

Questões de segurança, gostos, influências culturais, regionais, crenças, preconceitos, fatos recentes de grande movimentação pública devem ser observados permanentemente, uma vez que podem vir a afetar os negócios da empresa direta ou indiretamente. Os aspectos sócio-culturais são sutis, mas pesam nas decisões de compra.

O micro meio ambiente da empresa é constituído de mercado, clientes, concorrentes, distribuidores, fornecedores e prestadores de serviços. Vejamos, pois, que tipo de informação a empresa deve buscar de seu micro meio ambiente.

O mercado: o que ocorre com relação ao mercado da empresa. Está em crescimento ou em declínio? Qual a distribuição geográfica desses mercados? Quais os segmentos de mercado maiores e quais os realmente lucrativos? Quais as taxas de crescimento esperadas desses mercados? Quais as oportunidades existentes em cada um desses segmentos? De que modo a empresa pode ser avaliada em relação à oferta e à demanda de seu mercado? As necessidades do mercado são atendidas? Há recursos e capacidades produtivas adequadas para atender à demanda do mercado? Quanto à relação oferta-demanda, como se encontra o ramo industrial e a própria empresa?

Os clientes: o que os clientes atuais e potenciais pensam da empresa, no que concerne à reputação da qualidade de seus produtos e serviços, à política de preços, à entrega da cobrança e à força de vendas? Como os clientes se comportam na compra dos produtos e serviços de maneira geral? A compra é em função do tipo de produto ou serviço da empresa? Há levantamento sistemático desse tipo de informações?

Os fornecedores: são fontes importantes de informações sobre o mercado da empresa em geral e sobretudo sobre sua concorrência. Que mercados são cobertos pelos diversos fornecedores?

Os prestadores de serviços da empresa: que tipos de serviços prestados por terceiros podem comprometer a empresa? Há coleta sistemática de informações sobre como eles atuam em instalações, manutenções etc.? E o que os clientes acham desses serviços? O desempenho, o atendimento, os preços praticados pelos prestadores de serviços acham-se em consonância com as diretrizes da empresa? A agência de propaganda da empresa é competente para administrar a demanda de bens?

A concorrência: o S.I.M. pode fornecer dados relativos à concorrência sobre os fatores mercadológicos:

1. Imagem da empresa diante da concorrência.

2. Produtos: vantagens e limitações da empresa diante da concorrência.
3. Mercado e segmentos cobertos pela empresa e concorrência.
4. Comportamento do consumidor diante da empresa e da concorrência.
5. Relações com intermediários da empresa e da concorrência.
6. Propaganda da empresa e concorrência.
7. Promoção de vendas da empresa e concorrência.
8. *Merchandising* da empresa e concorrência.
9. Embalagem da empresa e concorrência.
10. Venda pessoal da empresa e concorrência
11. Preços da empresa e concorrência.
12. Distribuição física da empresa e concorrência.
13. Novos produtos da empresa e concorrência.
14. Eficácia gerencial interna da empresa e concorrência.
15. Relação com fornecedores da empresa e concorrência.
16. Participação de mercado da empresa e concorrência.

A empresa deve ainda questionar-se:
* Quais os nossos maiores concorrentes?
* Quais seus objetivos estratégicos?
* Quais seus pontos fortes e fracos?
* Quais as respectivas participações de mercado?
* Quais os mercados que podem ser abandonados em função da concorrência futura e quais podem ser substitutivos para o seu produto?

Da análise geral dos dados da concorrência devem constar informações sobre:
* preço: descontos, condições de pagamento;
* produto: volume, histórico, mercado, participação de mercado;
* política de marketing e planos: relações com o cliente, imagem

da empresa, tamanho e qualificação da força de vendas, canais de distribuição, política e métodos de distribuição, gastos com propaganda e promoção de vendas, canais de divulgação (tipo de mídia);

* produção e informação do produto: avaliação de sua qualidade, desempenho, ciclo vital, tecnologia e processo, capacidade de produção, custo, localização, tamanhos e facilidades de produção e distribuição, capacidade de embalagem, padrões de expedição, capacidade de pesquisa e desenvolvimento;

* informações organizacionais e financeiras: identificação da filosofia, padrões e aquisições, problemas e oportunidades, programas de pesquisa, desenvolvimento de produtos e treinamento de pessoal.

O meio ambiente da concorrência

Número de empresas Vendedoras	Extensão de diferenciação	
	Produtos não diferenciáveis	Produtos diferenciáveis
Uma única empresa	Monopólio	
Poucas empresas	Oligopólio não diferenciado	Oligopólio diferenciado
Muitas empresas	Perfeita competição	Competição monopolista

A distribuição e a revenda: Quais são os principais canais para a comercialização dos produtos da empresa? Quais os distribuidores eficazes? Quais os não eficazes? Quando a empresa deve atuar com distribuidores, representantes de vendas, revendedores, vendedores autônomos exclusivos, não exclusivos ou força de vendas própria? Como a concorrência atua? Quais os canais de distribuição utilizados aqui e no exterior para produtos similares?

O sistema de informações permite à empresa avaliar seu meio ambiente e planejar sua estratégia de marketing, bem como controlar seus desempenhos.

Resumo das etapas de um Sistema de Informações de Marketing (S.I.M.)

ETAPA	CONTEÚDO
1	**Análises das necessidades de informações** 1. necessidades regulares 2. necessidades esporádicas
2	**Avaliação das fontes de dados não dispendiosas** 1. fontes de dados secundários 2. contabilidade interna 3. relatórios de marketing
3	**Determinação das necessidades de informações adicionais** 1. análises de relação custo-benefício 2. decisão
4	**Obtenção de informação adicional** 1. estabelecimento de métodos para colecionar dados 2. colecionando dados primários 3. avaliação de dados 4. informação e recomendação
5	**Avaliação do *feedback* (retroalimentação)** 1. a informação é satisfatória 2. a informação não é satisfatória - pesquisa de novos dados

No quadro acima, apresentam-se as etapas do sistema de informações de marketing.

Em síntese, a operacionalização do sistema de informações mercadológicas como instrumento de controle de marketing deve levar em conta os seguintes aspectos:

1. Análise da necessidade de informações: a informação como orientação para a tomada de decisão deve ser depurada e apresentada sem interpretações tendenciosas ou parciais. Outro aspecto importante: nem toda a informação deve ser colhida e apresentada regularmente, pois há informações cuja necessidade é regular e outras cuja necessidade é esporádica.

2. A pesquisa mercadológica é um instrumento do Sistema de

Informações de Marketing. Mas há outras fontes menos dispendiosas, como dados secundários, a contabilidade interna da empresa e os diversos relatórios de marketing e de vendas.

3. Os problemas surgidos na operacionalização do S.I.M. devem ser contornados para evitar que informações adicionais necessárias sejam caras ou se vejam prejudicadas por:
   * perda de informações;
   * distorções nas informações;
   * atraso no fornecimento das informações;
   * excesso de dados;
   * insuficiência de dados;
   * falta de cuidado na apresentação de dados agregados;
   * desatualização dos dados.

4. A obtenção da informação adicional: o S.I.M. deve ser sempre aprimorado, sobretudo no que concerne à qualidade dos dados e nos métodos de colecioná-los:
   * dados primários externos, como atividades da concorrência, da força de vendas, do mercado consumidor etc.
   * dados secundários internos, dados contábeis, estatísticas de vendas, estoques disponíveis para venda, carteira de pedidos etc.

Os dados devem ser avaliados antes e depois e a informação colhida deve gerar sempre uma recomendação específica.

5. Avaliação do *feedback:* o S.I.M., quanto à sua organização, depende da coleta de dados, do processamento e análise e da apresentação desses dados. Quando a informação coletada não se revela satisfatória, é preciso que se pesquisem novos dados.

As áreas mais beneficiadas pelo controle do S.I.M. são, entre outras, as de vendas, serviços a clientes, promoção e propaganda e gerência de novos produtos, pois recebem informações relativas a:
   * cobertura de vendas aos clientes;
   * cobertura de vendas aos clientes potenciais;

* desempenho dos serviços aos clientes;
* desempenho da força de vendas;
* desempenho da promoção e propaganda;
* dados de desenvolvimento de novos produtos.

A análise da cobertura de vendas e clientes atuais e potenciais pode ter como base:
* o pedido;
* o relatório de visitas a clientes;
* o roteiro de visitação;
* os relatórios de supervisão;
* os estudos especiais de levantamento de clientes potenciais (cadastramento de clientes do tipo pente-fino).

O planejamento estratégico

O planejamento estratégico permite às organizações reagirem rapidamente às turbulências do meio ambiente, explorar melhor as oportunidades de mercado e também a desenvolver novas técnicas de administração. O planejamento estratégico é uma chave para a sobrevivência, para o lucro, para a tomada de decisão e para evitar erros.

Para formular o planejamento estratégico, a empresa deve, além de avaliar sua interação com o meio ambiente, analisar as oportunidades de forma a alocar recursos para aproveitar todas as potencialidades existentes. E deve procurar neutralizar seus pontos fracos. Importa também definir seu escopo e sua missão, seus objetivos, metas e suas políticas, procurando integrar as várias áreas da empresa dentro de um objetivo global, de maneira que o todo seja maior que a soma das partes. Deve ainda definir suas *prioridades estratégicas* em função dos *recursos disponíveis* e de sua *estrutura organizacional* vigente, para as diversas Áreas Estratégicas de Negócios (AEN).

Passos para o planejamento estratégico

A orientação para o desenvolvimento estratégico é estabelecida pela missão e pelo escopo da empresa.

I - Definir a Missão da empresa: Por que existimos?

II - Análise dos objetivos globais e políticos: O que somos? Para onde vamos?

III - Avaliação de recursos

IV - Interação com o meio ambiente

V - A estrutura organizacional

VI - Estratégia global: Cresceremos? Manteremos? Retrairemos?

VII - Prioridades estratégicas

   1. Estratégia operacional: Quantos por cento cresceremos?

      E em que lugar?

   2. Estratégia funcional: Quantificar alvos específicos

VIII - Planos

   1. Operacionais: Especificar os alvos. Exemplo: giro de estoque, promoções

   2. Programas ou táticas: internas, externas. Definir alvos: onde? Como? Por quanto tempo? Que percentagem?

   3. Ação! Realizar o plano

IX - Controlar

X - Retroalimentar

A missão corporativa e o escopo

Referem-se à natureza das linhas de produtos ou serviços e às atividades da empresa em termos de habilidade em atender mercados. Deve responder a questões básicas: 1. Em que negócio a empresa está operando e para que mercado deve se dirigir? 2. Que oportunidades de crescimento futuro existem com as quais a empresa pode operar com lucro? Em outras palavras: onde está a empresa e para onde ela vai? Isso explicita um conjunto de transações entre a empresa e meio ambiente, ao mesmo tempo em que abre para a formulação da clássica pergunta: "Qual é o nosso negócio?".

A definição do negócio não é óbvia nem simples, pois deve considerar:

- *Quem é o cliente real e o cliente potencial* da empresa;
- Onde eles estão e como podem ser alcançados;
- *O que eles compram* realmente: um objeto, uma facilidade, um prestígio, um benefício ou uma solução para os seus problemas;
- Quanto o produto ou serviço vale para o cliente em termos de preço, durabilidade, qualidade, serviço ou assistência técnica.

A definição implica a identificação de quatro pontos importantes:

1. Qual será a evolução do potencial de mercado para os próximos dois, cinco ou dez anos, e em função de que fatores?
2. Quais serão as possíveis alterações na estrutura do mercado em face da ação do meio ambiente e, em especial, da ação da concorrência?
3. Quais serão as possíveis inovações tecnológicas que alterarão a gama de necessidades do mercado?
4. Quais são as necessidades do consumidor que não estão sendo bem atendidas hoje?

Em vista disso, é válido observar que a definição do negócio da empresa deve ser:

* *Abrangente* – a ponto de não limitar suas atividades.

* *Flexível* – a fim de permitir a adaptação da empresa às diferentes situações.

* *Dinâmica* – para permitir não só a definição de negócio hoje mas também sua transição para o futuro.

* *Específica* – identificando a empresa em face de clientes potenciais e atuais, concorrentes, fornecedores e da sociedade consumidora.

* *Clara e objetiva* – a fim de possibilitar a integração de todas as áreas da empresa.

Objetivos, metas e políticas

Os *objetivos* como planos permanentes significam a razão de ser da empresa e para onde devem convergir todos os esforços. E as *metas* dentro dos objetivos são os alvos específicos a serem alcançados.

Todos os demais planos têm como condição ou premissa fundamental o objetivo.

Objetivos vagos ou mal anunciados podem acarretar falhas fatais na definição de políticas, de estruturas e estratégias. E a avaliação do desempenho da empresa mede-se através da consecução de seus objetivos e propósitos.

O objetivo tem-se tornado instrumento de medição da eficácia da aplicação de recursos humanos, físicos e financeiros na empresa. O objetivo compõe-se de três elementos:

1. O **atributo** específico escolhido como medida de eficiência. Exemplo: lucro.

2. O **padrão** ou escala em que o atributo é medido. Exemplo: lucro bruto.

3. A **meta** é o valor específico na escala que a empresa procura atingir. Exemplo: 40% de lucro bruto.

Políticas

Não basta, todavia, definir e fixar metas se as políticas da empresa não são convenientemente traçadas; pois é através das políticas que se visa a canalização das decisões para os objetivos.

Política é um termo mal compreendido na prática da administração, porque representa fatos intangíveis. O termo é usado por muita gente com sentidos diferentes e de forma confusa. *Policy,* em inglês, significa diretriz (filosofia de atuação) da empresa; *politics,* a arte de alcançar o poder, de fazer algo.

Dentre as muitas interpretações de política, descrevem-se as seguintes:

1. É o que a administração quer que a organização e o empregado façam.
2. São as regras estabelecidas do jogo.
3. São orientações para a tomada de decisões no sentido dos objetivos fixados.
4. São decisões antecipadas sobre possíveis decisões futuras.
5. São "guias de raciocínio" planejados para a tomada de decisões em níveis inferiores, aplicáveis a situações repetitivas, tendo em vista os objetivos.

As políticas, no entanto, são importantes, pois, através da compreensão de seu significado, pode-se estabelecer um mapeamento da ação funcional da empresa.

Elas são necessárias em todas as áreas da empresa. As políticas das diversas áreas da empresa devem ser coordenadas entre si e, naturalmente, vincular-se com as políticas da alta administração.

Exemplos de políticas

- Políticas de vendas, publicidade, *merchandising,* promoção de vendas etc.
- Políticas de pessoal, recrutamento, seleção, salários, treinamento etc.
- Políticas financeiras, de investimentos, financiamentos, aproveitamento de descontos etc.
- Políticas de produção, suprimentos, manutenção, controle de qualidade etc.

Vantagens das políticas

- Evitam excessos de decisões sobre assuntos similares, o que representa economia de tempo e de dinheiro.
- Facilitam e estimulam a delegação de autoridade, o que possibilita decisões mais rápidas.
- Evitam atritos entre executivos, eliminam controvérsias.
- Proporcionam decisões coerentes, porque levam a uma uniformidade de raciocínio.

Capítulo 5

BENCHMARKING

Quando historiadores do futuro traçarem o perfil dos homens de negócios de hoje, eles notarão que algumas palavras mágicas foram básicas na luta pela sobrevivência empresarial: qualidade, produtividade, competitividade, ética.

Mais que palavras mágicas, são conceitos que estão alterando drasticamente o enfoque da administração das últimas décadas, pois são os atributos que determinarão o sucesso – para não dizer a própria sobrevivência das empresas. Algumas ferramentas da moderna administração surgiram para facilitar a busca desses atributos. Entre elas, destaca-se o *benchmarking,* parâmetro comparativo de análise das melhores técnicas, orientado pelas empresas líderes.

Embora recente, o *benchmarking* tem se provado muito eficiente e complementar às técnicas de Qualidade Total, Reengenharia do Processo de Negócio e Just-In-Time.

As muitas faces do *Benchmarking*

O *benchmarking* oferece uma nova visão ou perspectiva das preocupações gerenciais tradicionais. Tradicionalmente, a gerência tem confiado na experiência interna, sustentada pela ocasional intervenção externa, para estabelecer objetivos estratégicos e monitorar o desempenho. Depender da experiência, ou de um "verdadeiro dom para os negócios", pode fazer sentido se o jogo se dá em um terreno plano e as suas regras são constantes. Infelizmente, as empresas, atualmente, não estão competindo em um terreno plano; elas estão travando uma batalha árdua com concorrentes que definiram as regras. O mercado atual espera, e está recebendo, produtos e serviços constantemente melhores, a um custo por função sempre decrescente.

Essa ladainha figura em quase todos os livros de negócios disponíveis para os atuais gerentes. Não é preciso muita imaginação para descobrir que continuar com as práticas correntes não é uma opção viável, caso se almeje o sucesso de longo prazo. Pelo contrário, o caminho à frente está coalhado de escombros. É preciso inteligência, bom senso e paciência para se orientar no meio do excesso de "soluções" que pipocam por toda parte. Em uma era de proliferação de siglas, o gerente cauteloso precisa, cuidadosamente, avaliar e escolher entre as oportunidades disponíveis para a melhoria e o crescimento. Como os modismos não são mais baratos no atacado e, ao que se sabe, têm trazido problemas ao psiquismo das empresa, é de vital importância saber distingüir os projetos que trarão benefícios a longo prazo daqueles que apenas consumirão recursos com um mínimo de benefícios.

Fundamentos

Através do *benchmarking,* uma empresa consegue identificar as oportunidades de melhoria e, pró-ativamente, dirigir os seus esforços para se tornar a melhor das melhores. Entretanto, para colocar em prática o instrumento, é importante retroceder por um momento e analisar as suposições e características do processo de *benchmarking.*

Procurando a melhoria contínua

O *benchmarking* baseia-se na filosofia da melhoria contínua: trata-se de um instrumento gerencial de mudança. Na verdade, a única razão para se aplicar essa técnica é melhorar o desempenho atual de uma forma objetiva. O *benchmarking* identifica lacunas no desempenho e oportunidades de aperfeiçoamento, e também lança uma nova luz sobre os métodos antigos. É difícil conceber um projeto de *benchmarking* que não resulte em mudança.

O *benchmarking* tem mais sucesso quando os interesses de todos são compreendidos e considerados nas soluções escolhidas. Privilegiar os clientes em relação aos interesses dos empregados pode parecer uma fórmula para o sucesso, mas são os empregados – e não a "organização" – que tornarão os clientes satisfeitos. Reciprocamente, privilegiar os empregados em relação aos interesses dos proprietários também pode acarretar problemas mais adiante, resultando na retirada do capital essencial para sustentar as atividades da organização. Finalmente, responder a uma solicitação de um cliente às custas dos fornecedores pode tornar a próxima "crise" impossível de contornar.

Ao refletir sobre *benchmarking,* reconheça que sempre há lugar para a melhoria. Esteja propenso a aprender com os outros e lembre-se de que as mudanças precisam levar em conta os interesses de todos os envolvidos. O *benchmarking* oferece a vantagem de objetivar esse processo de mudança, mostrando claramente os tipos de soluções usadas pelas organizações externas e fornecendo uma perspectiva global sobre como as partes da empresa afetam o todo. Além disso, ajuda a concentrar os esforços de melhoria nas áreas onde se possam obter ganhos; os ganhos significam mais valor para todos os envolvidos.

O *benchmarking* eleva o nível de consciência da organização. Ele impele todos para a melhoria, única saída da dura realidade de que as práticas correntes simplesmente não são bastante boas. O *benchmarking* é como um alarme alertando para o perigo à frente; felizmente, também ajuda todos a alcançar um patamar mais elevado. Trata-se de uma ferramenta geradora de ação e aprendizagem.

Identificar as melhores práticas e aprender com elas não institui a aprendizagem como um evento separado dentro da empresa; porém, quando todos os pés estão presos ao concreto, um fortíssimo empurrão é necessário para fazê-los se mover. O primeiro passo na rota para a excelência é a aceitação de que a mudança é necessária.

De modo a alcançar a excelência, uma empresa precisa tentar melhorar em todas as partes, estimulando um olho crítico para as atividades internas. Todos, a partir da alta gerência, precisam estar dispostos a botar as mãos na massa, procurando respostas em todos os cantos e, constantemente, perguntando "Por quê?" O papel do *benchmarking* nesse processo é fornecer visões e idéias criativas para a combinação dos recursos existentes, e mostrar um caminho para o aperfeiçoamento já trilhado com sucesso por outros.

Desse modo, o *benchmarking* é uma escola onde se aprende a aprender. As primeiras poucas lições simplesmente visam a conquistar a atenção. Uma vez fixado o alicerce, o ritmo de mudança se acelera, conforme cada indivíduo começa a aceitar o fato de que o *status quo* é um companheiro perigoso. À medida que novas formas de organizar o trabalho interno são descobertas e medições em seu respaldo são executadas, as atitudes se modificam. As pessoas conseguem se acostumar à mudança. Na verdade, a mudança pode se tornar divertida. O exame final da turma é conduzido pelo mercado; as empresas que aceitam a mudança e lutam pela melhoria contínua sobreviverão no século XXI. Aquelas que ficam presas à tradição terão notas baixas, podendo até ser reprovadas.

É importante lembrar que o *benchmarking* é uma disciplina aplicada, não podendo ser aprendida em um livro ou seminário. Aprende-se com a prática.

Objetivos

O objetivo predominante do *benchmarking* é *identificar a melhor prática*. Contudo, saber não é fazer. Para que essa técnica tenha sentido, ela tem de ser aplicada ao processo de criação de valor, ajudando a priorizar as oportunidades de melhoria, a aumentar o desempenho em relação às expectativas do cliente (o que melhora as vendas) e a evitar o tradicional ciclo de mudança.

Valor é criado sempre que os mesmos produtos são gerados com menos insumos, ou mais produtos são obtidos com os mesmos insumos. O valor é o prêmio pago à organização por transformar matérias-primas em um pacote (quer um produto ou serviço) que o mercado valoriza mais do que as próprias matérias-primas. A criação de valor é o teste do mérito de uma empresa; se esse valor é enunciado em uma unidade monetária ou em outros termos é indiferente.

Priorizar os projetos é a parte mais difícil da gestão dos escassos recursos de uma organização. Ainda que esse problema seja claramente discutido pelos especialistas em orçamento, todos os dias decisões são tomadas desviando recursos de um uso para outro. O *benchmarking* torna essas decisões mais objetivas, proporcionando uma referência externa em relação à qual cada nova oportunidade pode ser julgada. A escolha é mais fácil quando a meta desejada é compreendida.

Melhorar o desempenho em relação às expectativas dos clientes tem se tornado o verdadeiro grito de guerra de todo um grupo de técnicas gerenciais, segundo as quais a chave para o crescimento e a excelência competitiva está em manter um olho no cliente, quer interno ou externo à organização. Dado que o cliente é um dos dois investidores que fornecem o capital de giro ou numerário que sustenta a organização inteira, é importante manter em mente as suas necessidades. Porém, a "perspectiva do cliente" de fato significa bem mais do que isso; ela fixa as metas de desempenho, ou a definição de quais devem ser os produtos de uma tarefa ou organização. Ao se levar em conta o "cliente" nas discussões de como um determinado serviço se realiza ou da forma como um produto é projetado, minimiza-se a possibilidade de erros mais à frente e surpresas desagradáveis. Em outras palavras, o receptor do produto é o melhor juiz de sua qualidade, oportunidade e valor (por exemplo, o seu custo em relação à funcionalidade).

O *benchmarking* ajuda uma empresa a redefinir os seus objetivos, lançando uma nova luz sobre velhas questões. Ele põe em xeque o enfoque evolucionário de "fazer um pouquinho melhor e mais rápido", substituindo-o por um reexame crítico do que está sendo feito, acima de tudo. Nesse aspecto, o *benchmarking* focaliza a atenção nas questões essenciais, sugerindo formas novas e criativas de abordá-las, enquanto realça as atividades de valor adicionado e elimina aquelas sem valor adicionado. O aperfeiçoamento contínuo está "regulando" o atual processo; o *benchmarking* pode resultar em desfazer-se da prática existente e começar tudo de novo.

Metas

Na busca da melhor prática, o *benchmarking* pode enfocar os papéis, os processos ou questões estratégicas. *Papéis* são a essência do que uma pessoa, ou função, exerce para a organização. Que tarefas, responsabilidades e serviços são oferecidos pelo grupo de atendimento aos clientes? Como se comparam com as estrutura, os processos e a capacidade de atendimento de outras empresas? Estamos obtendo o máximo do dinheiro investido no sistema de informações, ou estamos, de algum modo, desperdiçando recursos? Cada uma dessas perguntas brota de uma preocupação com o papel do grupo de atendimento aos clientes na organização. Papéis, portanto, são grupos de serviços prestados por uma equipe a clientes finais ou a outras partes da organização.

Além de focalizar os papéis, pode-se também perguntar como o trabalho é realizado. Questionar papéis significa perguntar "Estamos fazendo as coisas certas?" (em outras palavras, eficácia), enquanto examinar os *processos* desencadeia uma preocupação com "Estamos fazendo as coisas corretamente?" (em outras palavras, eficiência).

Todo processo consome recursos. De maneira a obter o máximo de valor possível desses processos, uma empresa tem de eliminar o desperdício e a ineficiência no próprio processo. O *benchmarking* tem por meta a eliminação dos processos que estão prejudicando a organização ou gastando recursos excessivos, com uma geração de valor questionável. Enquanto todos os processos podem ser aperfeiçoados, a preocupação predominante continua sendo obter o máximo de benefício de cada centavo gasto com a melhoria de processos.

As questões estratégicas enfocam o plano de criação de valor na empresa para os próximos cinco anos. O estabelecimento de metas, novos projetos ou novos empreendimentos é fundamental para o sucesso de uma organização. De acordo com um estudo realizado por uma empresa, metas de redução de custos são relativas: 8% pode ser adequado se as regras do jogo permanecem inalteradas; porém, se as suposições são questionadas, uma economia de 30% é possível. O *benchmarking,* então, pode ser usado para apontar as questões estratégicas, obter informações que permitam priorizar projetos conflitantes e estabelecer um plano de jogo global que proporcione mais valor para os investidores.

O *benchmarking* aponta os *fatores de sucesso críticos* para uma determinada empresa. O que precisa ser feito para assegurar o sucesso de longo prazo? Onde a alta administração enxerga um potencial de vantagem competitiva? Cada empresa possui uma missão diferente, uma forma peculiar de combinar os seus recursos em produtos, e uma cultura ou sistema social definidor de onde ocorrem as ações. Por exemplo, pesquisa e desenvolvimento e o tempo que os novos produtos levam para atingir o mercado podem ser questões críticas para uma empresa, enquanto o tempo de fabricação pode ser o mais importante para outra.

O *benchmarking* ajuda a identificar aqueles aspectos, ou áreas, que estão sustentando o sucesso contínuo (isto é, que são críticos para o sucesso), bem como aqueles aspectos da organização bem menos importantes em termos globais ou para onde os recursos podem estar sendo erradamente direcionados. (Lembre-se: não existem pessoas ruins numa empresa, apenas pessoas solicitadas a fazerem as coisas erradas.) Melhorar em áreas identificadas como críticas para o sucesso permanente constitui a base dos saltos de desempenho.

As fases do *Benchmarking*

O processo de *benchmarking* tem a missão de abrir os olhos das empresas para os aspectos que as impedem de melhorar. Os casos que descrevem a aplicação do *benchmarking* por diferentes empresas têm um ponto em comum: a realidade foi um desafio ao qual responderam com crescimento, e não negação. Em cada um dos casos, um agente de mudança ou líder impulsionou a equipe em direção a uma meta. Contudo, depois de adquirido o impulso, a necessidade de empurrar evaporou. A organização passou a procurar por formas próprias de implementar novos métodos e aprender com a atividades.

O *benchmarking* compõe-se de quatro fases distintas.

A fase I é uma avaliação interna da prática existente. Ela fornece uma estrutura para o trabalho subseqüente, detalha as restrições e os propulsores básicos de desempenho que definem a organização e desenvolve um conjunto de medidas primárias ou parâmetros para o estudo. A avaliação interna também pode evoluir para um estudo de *benchmarking* interno. O *benchmarking* interno é a comparação de múltiplos grupos, dentro da empresa, que realizam a mesma tarefa. Aplica-se a qualquer empresa descentralizada ou com uma estrutura de divisões.

O *benchmarking* interno nivela toda a organização. Trata-se, também, de um excelente meio de convencer as pessoas da necessidade de mudança.

A fase II do processo de *benchmarking* envolve a coleta de

dados. Ela começa com uma clara definição do que o projeto tentará descobrir, avança pelo desenvolvimento dos instrumentos de pesquisa e de outras fontes de informação e inclui a identificação e a participação conjunta das empresas-alvo. A fase II é a substância do processo de *benchmarking*. A estruturação definitiva, em um estudo específico, depende das perguntas formuladas, do tempo destinado e dos recursos disponíveis. A fase II, então, é a parte "prática" do *benchmarking*.

A fase III começa onde termina a coleta de dados. Trata-se da seleção cuidadosa e criativa das informações coletadas, que resulta na criação de um modelo referencial, na identificação das lacunas de desempenho e em sua priorização. Na fase III, a empresa começa a descobrir o que realiza correta e incorretamente. É a hora da negação, do luto e da aceitação final. Quanto mais chocantes os resultados, mais extensa será a análise. Na fase III, então, o processo real de aprendizagem começa; barreiras concretas são derrubadas e o movimento tem início.

A fase final do *benchmarking* é a *ação*. O objetivo não é descobrir a posição da empresa, mas mudá-la. Dominar as melhores práticas é a meta; consegui-la, o desafio. Os métodos de implementação da mudança, após o estudo de *benchmarking,* são os mesmos de qualquer processo de mudança. Comunicação, um conjunto claro de objetivos, medidas que controlem a melhoria e a ativa participação e o valor percebido de cada participante – eis a essência de qualquer mudança vitoriosa. O *benchmarking,* porém, não é um evento terminal. Ele é interativo, adaptável e contínuo, pois diz respeito à contínua aprendizagem e busca de excelência.

Desencadeando mudanças

Resumindo brevemente, o *benchmarking* é um instrumento de obtenção da mudança, nos termos da filosofia de melhoria contínua. Mede-se o sucesso do processo de mudança pela criação de valor.

Ao ativar o *benchmarking,* deve-se ter em mente que, uma vez começado o processo, não há como impedir a mudança. Por sua própria natureza, ele revelará os pontos fortes e fracos da organização. O *benchmarking* força um reconhecimento das reais capacidades, desempenho e deficiências de uma empresa. Objetivamente apresentadas, essas mensagens são forças inegáveis em prol da mudança.

Se deseja preservar o *status quo*, não faça *benchmarking*. Se quer permanecer onde está, evite o *benchmarking*. O *benchmarking* abrirá a organização para a mudança e a humildade. Descobrir a verdadeira "posição", as capacidades comparativas, é uma lição. Sem ela, a ilusão de bom desempenho tão cuidadosamente forjada pela organização será preservada; com ela, a realidade substituirá a ilusão. O *benchmarking* estimula a tensão criativa nas rígidas práticas de uma organização. Fornece as pedras para pavimentar o caminho rumo à excelência competitiva e ao sucesso de longo prazo. O esboço dessa visão foi traçado; a aplicação desses conceitos a tornará uma realidade.

Capítulo 6

PARA SER UM GESTOR EFICAZ

Para serem gerentes eficazes, os profissionais de marketing necessitarão analisar quais papéis devem receber prioridade com relação a suas posições na organização e a natureza dos programas de marketing pelos quais seus grupos são responsáveis.

Qualquer organização que deseje garantir que o departamento de marketing seja capaz de gerenciar o processo de implementar a mudança deve revisar a avaliação atual de funcionários e os sistemas de desenvolvimento gerencial. Ainda há uma tendência generalizada de tratar o planejamento dos recursos humanos e o gerenciamento das estratégias dos negócios como dois assuntos separados. Porém, com o conhecimento existente sobre a implementação de mudanças, hoje está cada vez mais evidente que o sucesso depende na integração dessas duas áreas do processo de gerenciamento.

A integração das atividades gerenciais parece ser um objetivo relativamente simples, mas a concretização desse objetivo com freqüência é difícil. Em grande parte isto acontece porque a integração de qualquer função ou processo só pode acontecer se ele for percebido como compatível com o sistema de valores da organização. As normas e atitudes que, coletivamente, formam a base dos valores de uma organização são conhecidas como cultura organizacional. Essa cultura fornece o significado e a direção que mobilizam a organização para a ação. O fato de essa ação ser benéfica ou prejudicial vai depender de que a cultura prevalecente seja compatível com a missão da organização e com o estilo de liderança da equipe gerencial.

Não existe uma única cultura organizacional adequada. O importante é que a cultura dominante seja usada para reforçar os objetivos, as estratégias e as políticas de gerenciamento da organização, dando apoio aos processos associados à otimização dos relacionamentos entre oportunidades de mercado e capacidades corporativas internas. Para uma empresa num ambiente de mercado rapidamente mutável, a cultura provavelmente vai precisar de flexibilidade, adaptabilidade e abordagens inovadoras na solução de problemas. Em contraste, na transição para a maturidade, talvez haja necessidade de uma cultura que dê ênfase a uma atitude racional, mais controlada e menos impulsiva com relação aos processos de gerenciamento.

Modificar uma cultura existente ou tentar introduzir uma nova cultura possivelmente sejam as tarefas mais complexas entre todas aquelas do processo gerencial. Para que os profissionais de marketing sejam aceitos como capazes de contribuir para essa atividade, primeiro devem estabelecer uma imagem de competência em seu papel primário de gerenciar o processo de marketing. Apenas assim a diretoria apostará no conhecimento do profissional de marketing para assistir, na sustentação da cultura mais apropriada, aos objetivos estratégicos de longo prazo da organização.

Gerenciando as vendas

O principal documento de planejamento das empresas é a previsão de vendas, mas é também aconselhável ter uma previsão de mercado para preparar uma estimativa da participação no mercado.

Os erros cometidos na previsão se refletem nos resultados da empresa, por isso examinaremos a importância fundamental da criação de uma sólida previsão de vendas.

Para gerenciar as vendas e a organização de vendas da empresa com profissionalismo, é preciso um plano excelente. A base de todo o planejamento da empresa é a previsão de vendas. Sem ela, não se pode decidir o nível de produção de cada produto, que deve se relacionar com o potencial de mercado e com a participação estimada que a empresa almeja alcançar.

Potencial de mercado é a quantidade total de um produto que um mercado pode absorver dentro de razoável período, antes que o produto seja modificado ou substituído. Esse período pode ser de um ou vários anos. Potencial de vendas é a parte do mercado em potencial que a empresa pensa poder obter.

Previsão de vendas é a estimativa de vendas para um período futuro em termos de volume ou valor, orientada por um plano de marketing proposto e sob um conjunto pressuposto de condições com probabilidade de prevalecer durante o período. É, quase sempre, para um ano e, com freqüência, relaciona-se com o ano fiscal da empresa.

Embora as condições econômicas prováveis sejam importantes, às vezes não são levadas em conta. Deixar de considerar aspectos como o orçamento anual, o custo de empréstimo, as taxas de juros, o clima das exportações, os níveis gerais de preços e outros fatores semelhantes poderá resultar em uma previsão inexata.

Todas as previsões de vendas são inexatas, mas diferem na extensão da "inexatidão", isto é, no tamanho da discrepância entre as previsões e os resultados reais. Nunca temos certeza de que aquilo que prevemos vai acontecer.

Quanto mais exatas as previsões, melhor o desempenho e a moral da organização, porque os erros nas previsões custam dinheiro. Maior exatidão na previsão significa lucros mais altos.

Como aperfeiçoar as previsões

As previsões podem ser aperfeiçoadas com a aquisição de mais dados, mas só isso não melhora a exatidão da previsão. Com excesso de dados existe a possibilidade de que os erros se insinuem. Os erros cometidos na previsão têm de ser encobertos de várias maneiras:

- Manutenção de mais estoques;
- Ociosidade da produção e de outras capacidades;
- Necessidade de fontes de suprimento de emergência;
- Embaraçosas explicações aos clientes.

Todas essas atitudes custam dinheiro ou parte do mercado. Ter de manter estoques extras quando as vendas estão abaixo da previsão é pagar pelo custo dos bens em estoque e pelo custo de armazená-los. Capacidade de produção ociosa significa que os custos unitários serão mais altos por causa da baixa recuperação dos custos indiretos fixos. As fontes de suprimentos de emergência são, em geral, mais caras do que as normais. Quando os pedidos não podem ser atendidos, os clientes ficam frustrados e compram em outro lugar. Perdem-se lucros por causa de vendas não realizadas e existe perda de parte do mercado.

Uso da previsão de vendas

A estimativa de vendas deve ser usada como guia para a produção, as vendas e as finanças, e essas três áreas devem ser envolvidas no preparo da previsão, cada uma dentro das suas especialidades.

O pessoal da produção faz recomendações sobre aspectos como níveis de produção, grau de flexibilidade da produção, da disponibilidade de matérias-primas e componentes, praticabilidade de manter estoques extras que possam vir a ser necessários, custos de produção em diferentes níveis de atividade.

O pessoal de vendas apresenta relatórios sobre as tendências atuais dos consumidores, novos mercados prováveis, análise de custo de distribuição, possibilidade de conseguir novos clientes, indicações de movimento de vendas a preços diferentes.

O pessoal de finanças calcula os níveis ideais de comércio da empresa, o custo de manutenção de estoques, o custo do aumento de vendas, o crédito que tem de ser concedido aos clientes etc.

Previsões estatísticas de vendas

Fazer previsões é prognosticar o que poderá ser o futuro; há muitas armadilhas para os incautos. Quanto mais extensa e firme a base em que são feitas as previsões, mais confiança para tomar decisões fundamentadas nelas.

Técnicas de Negociação

Diferentemente dos procedimentos do passado, quando o negociador visava atender às próprias necessidades, sem se preocupar com o outro lado envolvido na negociação, hoje é fundamental a satisfação de ambos os lados.

A mentalidade, em geral, era de se levar vantagem e não de se preocupar em atender as reivindicações do outro lado. Esse tipo de postura levava à negociação ganha-perde, na qual sempre um dos lados era prejudicado. As relações não conseguiam se manter a médio e longo prazo, esgotando-se em curto espaço de tempo.

Hoje uma negociação eficaz significa trabalhar lado a lado com a outra parte, ou partes, para obter resultados mutuamente benéficos.

Para aprender a negociar eficazmente você precisa ser capaz de compreender pessoas e de se relacionar com elas. Para isso:
- Aprenda a interpretar pessoas;
- Desenvolva dupla visão;
- Procure conhecer as pessoas com quem negocia.

O que é importante numa boa negociação
- Comunicação eficaz;
- Bom relacionamento;

- Descobrir o interesse da outra parte;
- Elaborar os diversos aspectos possíveis;
- Convencer a outra parte de que está sendo tratada com justiça;
- Definir quais são as opções para o acordo;
- Chegar a um compromisso final.

Desfazendo mitos da negociação
- Você não precisa arrasar o cliente para ser um bom negociador;
- Negociar não é sinônimo de brigar;
- Negociar eficazmente não é um talento reservado apenas ao empresário esperto e ao diplomata experimentado;
- Você não tem que esquecer a ética para conseguir o que quer na mesa de negociação;
- Negociar não é uma atividade consumidora de tempo;
- Negociar nem sempre é um processo formal, com parâmetros e procedimentos claramente definidos;
- Você não precisa estar com as melhores cartas na mão para negociar eficazmente.

Orientação em marketing para gerência de produtos

O gerente de produtos é aquele que acompanha o produto desde sua concepção até o momento em que se torna disponível para o consumidor. Ele estuda sua "criação" e controla seu rendimento. Como gerente, coordena informações relativas ao seu produto e, com esse propósito, utiliza-se de todos os departamentos da empresa.

A – *Funções:* Reunir e centralizar todas as informações relativas aos seus produtos.

B – *Tarefas:* Deve-se esforçar para compreender, o mais acuradamente possível, os hábitos e motivações do consumidor. Para isso, é necessário que ele esteja em contato permanente com os outros departamentos e áreas da empresa. Ele precisará de informações de:

- pesquisa de marketing, para avaliar todos os elementos relativos ao comportamento do consumidor e resultados de vendas classificados de acordo com o ponto de venda;
- propaganda e promoção, para complementar as informações comerciais de que necessita acerca do uso de mídia e do impacto promocional;
- técnicas, para familiarizar-se com as características dos produtos;
- vendas, para saber a posição do produto no mercado.

Preparar a escolha da estratégia de produto

Com base nas informações que possui sobre o mercado (tamanho, segmentação etc.), seu produto e seus concorrentes, ele fixa, em primeiro lugar, a tendência geral do mercado e, depois, as estratégias para incrementar as vendas. Examina as informações coletadas para descobrir se o produto satisfaz às necessidades do mercado, buscando dinamizar ou estender o raio de ação dos produtos atuais. A criação de novos produtos e a detecção de novos mercados fazem parte de suas atribuições.

Elaborar prognósticos

Ele deve esboçar um prognóstico e plano de marketing de pequeno ou médio prazo, para seu(s) produto(s), em colaboração com a área de marketing, que lhe apresenta os objetivos, políticas e meios. Ele define então:

- uma política de preço;
- uma política de produto;
- objetivos comerciais quantificados (para cada segmento de mercado e o lucro desejado).

Definir os meios de alcançar os objetivos planejados

Com a colaboração de profissionais de propaganda, o gerente de produtos elabora planos publicitários, definindo campanhas, seus temas e a mídia (escolha, freqüência e atividade). Auxiliado pela área de vendas, escolhe as diretrizes e as ações em relação aos distribuidores e consumidores. Prepara o orçamento de marketing para seu produto. Define com a área de produção os objetivos de venda e a programação de produção.

Assegurar a utilidade do produto e administrar seu ciclo de vida

Ele deve ter o máximo cuidado com a utilidade de seu produto, analisando o custo das várias ações descritas no plano de marketing:

1. embalagem, acondicionamento;
2. propaganda;
3. relações públicas;
4. distribuição.

Controlar o cumprimento dos programas elaborados

O gerente de produtos gerencia o desenvolvimento das operações, mantendo-se informado das dificuldades encontradas e resultados obtidos pelos departamentos com os quais está em contato. Controla o orçamento para complementação do plano de marketing, agindo corretivamente. Avalia os resultados de venda da linha de produto por mercado, região etc. Analisa os resultados da propaganda e campanhas de promoção de vendas.

Com base nos resultados, ele busca, constantemente, aperfeiçoar seu produto, assim como estimular a força de vendas. Coopera com o gerente de mercado, utiliza os serviços de engenharia de produtos ou de engenharia de pesquisa no desenvolvimento de novos produtos. Participa da elaboração da especificação de novos produtos (preços, condições de vendas, abatimentos etc.).

Capítulo 7

ERP COMO FERRAMENTA DE GESTÃO

Adriano Postal

Com o avanço da tecnologia e o aumento da concorrência no mercado, as empresas passaram a utilizar sistemas computacionais para suportar suas atividades. Afinal, a informatização é um grande passo para a melhoria de um negócio.

Um sistema muito útil nessa tarefa é o ERP – *Enterprise Resource Planning* ou Planejamento de Recursos Empresariais. Seu objetivo principal é manter as informações em um banco de dados único, apoiando as necessidades dos administradores de empresas.

Inicialmente voltado para empresas de grande porte, que começaram a procurar esse tipo de solução a partir dos anos 90, soluções de menor custo foram desenvolvidas para atender as pequenas e médias empresas.

A necessidade de adquirir um ERP surge quando os recursos utilizados – como planilhas eletrônicas ou um sistema de gerenciamento isolado – não atendem plenamente as pessoas que necessitam de informações consolidadas de forma rápida e integrada, para a tomada de decisões.

Otimizar tempo, tornar as rotinas internas e externas automáticas, garantir a entrega do produto com as características negociadas ao cliente, evitar fraudes dentro da empresa e conseguir ter vantagem sobre a concorrência através da informatização da empresa são o sonho de qualquer empreendedor, que deseja tudo isso no menor tempo de implementação e menor custo possível.

O papel da informação

Uma pesquisa feita pelo Sebrae sobre micro e pequenas empresas no Brasil revelou que, de cada 100 empresas que nascem, 85 fecham suas portas no dois primeiros anos, 10 encerram suas atividades em até cinco anos de vida e apenas cinco empresas continuam no mercado com potencial de crescimento, mantendo-se firmes entre as empresas de pequeno porte ou progredindo e se tornando de médio porte.

É claro que não podemos dizer que isso ocorre somente pela falta de uma ferramenta de Gerenciamento de Informações, como um ERP. Mas podemos garantir que um dos motivos para o sucesso dessas cinco empresas se deve a um bom gerenciamento das informações, que é a sua base de conhecimento.

Um banco de dados bem estruturado tem como objetivo armazenar e fornecer informações, que por sua vez serão a base de conhecimento que proporcionará ao responsável pela empresa ou por uma determinada área tomar decisões que resultem em melhores resultados e avaliar o retorno dado pelo seu investimento.

Como surgiu o ERP

Na década de 60, surgiu uma ferramenta denominada MRP I (*Material Requirements Planning* – Cálculo das Necessidades de Materiais), que visava manter os estoques adequados e as linhas de produção em grande atividade – através de uma demanda pré-determinada –, fazer o planejamento futuro das matérias-primas e das etapas produtivas.

Com a evolução das organizações, a tecnologia também evoluiu. Entre os anos 80 e 90 surgiu o MRP II (*Manufacturing Resources Planning* – Planejamento de Recursos de Manufatura), agregando a alocação de recursos e o custeio baseado na estrutura do produto, levando em conta o custo da matéria-prima e dos recursos utilizados para a produção.

Nesse momento havia uma ferramenta voltada apenas para a área de manufatura, não integrada com o restante da empresa. Os demais dados que uma ordem de produção gera, como sua contabilização, teriam de ser lançados manualmente em um sistema contábil isolado ou no recurso destinado a esse controle.

O mercado começou a sentir falta de uma ferramenta que integrasse, de forma automática, todas as informações relativas a uma movimentação na empresa, diminuindo o processo de digitação, reduzindo erros e otimizando o trabalho. Com isso, seria possível ter relatórios gerenciais ou técnicos com todas as informações necessárias, sem precisar emitir vários documentos e analisar um a um para extrair um resultado final. Assim, surgiu o ERP, conceito que superou o MRP II, já que permite um controle mais amplo da empresa. Na arquitetura do ERP, as informações estão disponíveis para todos os departamentos correspondentes, utilizando um banco de dados único, operando em uma plataforma comum, interagindo com todos os recursos de diversas aplicações e integrando todas as operações em um único ambiente computacional.

Analisaremos um exemplo bastante didático do uso de ERP, que mostra o enorme ganho proporcionado pelo sistema em agilidade e controle das necessidades de uma empresa. Numa indústria, o departamento de produção trabalha apenas por demanda, ou seja, produz apenas aquilo que é vendido. O vendedor entra com um pedido, iniciando assim uma necessidade de produzir e suprir o estoque com o produto acabado. Nesse momento, a Produção inicia suas atividades, solicitando suas necessidades de matéria-prima ao Estoque, e destinando máquinas, equipamentos e mão-de-obra à atividade. Caso a matéria-prima a ser utilizada não esteja disponível, o Departamento de Compras é acionado através de uma solicitação de compras. Com a ordem de produção finalizada, a quantidade de produto acabado entra no Estoque. O Departamento de Faturamento entra em ação e, através do pedido de venda, começa a emitir a nota fiscal de saída. Então, o sistema verifica se a quantidade em estoque está disponível e uma consulta ao Financeiro também é feita, para não se correr o risco de vender para um cliente que não tem seu crédito liberado. Nota fiscal liberada e emitida, é feito um registro nas Contas a Receber, no Livro Fiscal, baixa no estoque da quantidade do produto acabado e todos os lançamentos contábeis são feitos automaticamente em suas respectivas contas, através de lançamentos padronizados. Tudo isso num único sistema. Imagine quantas informações teriam que ser tratadas isoladamente.

Como identificar a necessidade de implementar um ERP

Avalie os seguintes pontos e identifique em qual a empresa se encaixa:

1. Mecanização de sistemas manuais;
2. Substituição de um sistema existente;
3. Resolução de problemas operacionais;
4. Criação de uma nova atividade empresarial.

A partir dessa avaliação, fica mais fácil identificar quais as pessoas envolvidas no processo e dar a elas as atribuições necessárias. Algumas irão participar de todas as fases, outras participarão apenas da fase de treinamento, quando tudo já estiver "rodando".

Independente do momento em que cada um irá participar, o comprometimento é fundamental. Assim, antes de ser feito o levantamento das necessidades, deve existir um plano de conscientização de todos os envolvidos.

Para as necessidades serem levantadas de forma ampla e sem falhas, utiliza-se uma metodologia de trabalho definida como PDI – Plano Diretor de Informática. O PDI tem como objetivo montar um plano que abrange todo o processo de implementação, sendo na verdade a base da implantação de um ERP. As etapas descritas a seguir visam organizar melhor esse trabalho, sendo divididas em quatro fases.

1ª Fase – Levantamento

Podemos dizer que essa fase é o alicerce de todo o projeto. Devem ser identificados alguns pontos:

- Situação atual da empresa;
- Planejamento das atividades;
- Formação das equipes de trabalho;
- Volume de dados;
- Fluxo de dados;
- Áreas a serem implantadas e suas atividades;
- Prioridades entre as áreas;
- Avaliação dos processos envolvidos;
- Estabelecimento dos critérios para seleção do fornecedor de ERP;
- Seleção dos fornecedores;
- Definição de como a empresa deve estar após a implantação e o processo de treinamento.

Com a primeira fase concluída, os fornecedores de ERP começam a fazer parte do processo, demonstrando seus produtos, já que foram selecionados aqueles capazes de atender as necessidades da empresa.

2ª Fase – Avaliação das necessidades de customização

A customização é a adaptação do sistema à realidade da empresa. Essa personalização consiste basicamente na criação e adaptação de rotinas e novos relatórios. Isso ocorre para que o impacto dentro da organização não seja tão grande, já que é mais viável adquirir um sistema modelado com as características de cada departamento.

É preciso, no entanto, estar atento ao custo das customizações, priorizando aquelas que são fundamentais.

Empresas que pretendem substituir o sistema existente devem analisar com todo o cuidado os prós e contras de migrar dados do sistema atual, pois esse processo pode tomar um certo tempo e muitas vezes o resultado não é o esperado.

3ª Fase – Análise dos recursos físicos

Deverá ser analisado o parque instalado com base no volume de dados, módulos e número de usuários. Nessa análise devem constar as seguintes informações:

- Nome dos módulos;
- Configuração de máquinas e equipamentos existentes na empresa;
- Quantas estações, servidores e impressoras deverão ser adquiridos, caso necessário;
- Número de usuários que irão acessar o ERP simultaneamente;
- Qual a configuração (número de usuários), se existir uma rede.

Ainda na 3ª Fase, uma decisão fundamental deverá ser tomada. O plano de treinamento deverá ser muito bem definido, pois uma equipe mal treinada e com problemas de distribuição de atividades poderá formar uma base de dados distorcida ou, o que é pior, não utilizar o ERP completo, fazendo com que muitos recursos e rotinas sejam deixados de lado por falta de conhecimento.

Para um plano de treinamento ser aplicável e dar resultados, deve-se selecionar pessoas-chave em cada departamento ou em cada processo. O quesito conhecimento em informática e em ERP deve ser considerado. Um trabalho de conscientização da importância em adquirir esses conhecimentos deve ser feito antes de iniciar o treinamento.

O servidor da empresa deverá receber atenção especial quanto à sua configuração. O número de usuários que irão acessar simultaneamente o sistema deve ser levantado com precisão, para que não ocorra um baixo desempenho do ERP ou para que o número de licenças adquiridas não seja insuficiente para as necessidades de acesso da empresa.

4ª Fase – Elaboração de Plano e Cronograma de Implantação

Definir um Plano de Ação e um Cronograma de Implantação é importante para não haver um conflito na empresa, uma vez que as atividades do dia-a-dia e o processo de implantação irão ser paralelos. Isso poderá acarretar uma sobrecarga de trabalho aos funcionários ou o abandono parcial de uma das duas atividades.

O Plano consiste basicamente em definir as pessoas que irão participar da implantação, seu papel e em que momento elas entram no processo. O ideal é que, antes de envolvê-las, algum treinamento já tenha sido ministrado, pois assim elas terão condições de discutir e sugerir idéias ao consultor e entender perfeitamente o que está sendo feito.

O Cronograma de Implantação é a definição da seqüência dos módulos a serem implantados, devendo conter:

- Prioridade de implantação;
- Prazos de implantação;
- Pré-requisitos para cada tarefa e/ou módulos;
- Resultado, sendo um relatório feito por cada pessoa envolvida de como foi a implantação (validação).

O que esperar do ERP

É uma utopia esperar que o ERP solucione 100% dos problemas da empresa. É claro que uma ferramenta gerencial desse porte, agregada a um ambiente organizado, formal e com um bom posicionamento no mercado, ajudará muito na solução de problemas.

Os principais objetivos que a empresa deve alcançar após a implantação de um ERP são:

- Menor volume de digitação;
- Maior transparência nas atualizações;
- Informações *on-line*;
- Redução de fraudes;
- Maior integridade dos dados;
- Melhora no relacionamento com o cliente;
- Atração e desenvolvimento de clientes fiéis e rentáveis;
- Criação de histórico de relacionamento;
- Visão unificada do cliente em qualquer área de contato com a empresa;
- Capacidade de diferenciação pelo valor agregado ao cliente;
- Capacidade de transformar qualquer contato com o cliente em oportunidade de venda;
- Estabelecimento de novas formas de comunicação;
- Compilação e processamento de dados sobre o mercado;
- Diminuição nos custos de compras, através da troca de informações;
- Maior produtividade, reduzindo e planejando as paradas para manutenção;
- Redução dos níveis de inventário, já que existe um conhecimento mais exato das necessidades de materiais para pedidos;
- Aumento da produtividade da mão-de-obra direta, com um ambiente mais formal e organizado;
- Facilidade em extrair informações consolidadas para as tomadas de decisões;
- Diminuição do tempo de resposta para cada trabalho executado.

Em relação aos fornecedores, devemos tomar alguns cuidados, pois promessas de implantação em curto espaço de tempo nem sempre são as mais viáveis, levando ao risco de não contemplar todas as necessidades. Por outro lado, implantações longas poderão implicar custos elevados e uma frustração por parte da Alta Administração.

Deve-se analisar a base de clientes que o fornecedor possui e solicitar Casos de Sucesso, de preferência do mesmo ramo de atividade da empresa em questão, para que a empresa implantada não se torne uma "cobaia".

Hoje no mercado existem fornecedores voltados para áreas específicas, como softwares que controlam apenas a Folha de Pagamento ou atendem a restaurantes, e os que atuam em diversos segmentos.

Outros aspectos a serem analisados antes da contratação de um fornecedor de ERP são suas políticas de atendimento e relacionamento com clientes, seu posicionamento no mercado e sua estrutura para desenvolver as atividades (disponibilização de consultores, *help desk*, atualização do software com o legado, flexibilidade do sistema para várias plataformas, banco de dados e facilidade de customização).

Ferramentas de apoio gerencial

Ao fazer alguma consulta ou pesquisa no ERP, os resultados são fornecidos através de relatórios. Esses relatórios são aplicáveis para aquela área ou necessidade específica. Mas quando é necessário extrair um conjunto de informações que estão em diversas áreas do banco de dados, existem dificuldades. Para atender a essa necessidade, surgiu o conceito EIS – *Executive Information System* ou Sistemas de Informações Executivas, que tem como função "garimpar" ou explorar o Banco de Dados existente (ERP), montando assim o seu próprio banco de informações. Esse banco é formado por indicadores, que expressam as necessidades de pesquisas dos usuários, criando um filtro e extraindo as informações em formato de gráficos e planilhas eletrônicas.

Exemplificando: uma montadora de veículos, que tem na Matriz informações de suas concessionárias em um banco de dados único, porém em áreas separadas. O diretor de Vendas deseja saber as seguintes informações: o modelo mais vendido, a cor desse modelo, a concessionária que mais vendeu esse veículo e todos os clientes que o adquiriram num determinado período.

O papel do EIS nesse exemplo seria montar um filtro com os requisitos solicitados pelo diretor, vasculhar todo o banco de dados e montar o seu próprio banco, apenas com as informações pertinentes e fornecê-las para análise.

Usando apenas o ERP, essa pesquisa também poderia ser realizada, sendo o seu resultado impresso em relatórios convencionais e com seus resultados separados por concessionárias. Porém, haveria assim a necessidade de transcrevê-los para uma planilha eletrônica e só depois desse processo seria possível a análise das informações de maneira consolidada, isso sem contar o tempo gasto e o risco de que as informações sejam consideradas ou transcritas de forma errada.

Outra ferramenta de apoio gerencial é o WorkFlow ou Fluxo de Trabalho, um sistema que controla as rotinas e a seqüência de trabalhos diários dos usuários, sugerindo, monitorando e interagindo de forma automática às rotinas preexistentes em um sistema de ERP.

Temos as seguintes situações como exemplo:

- Numa empresa, ficou determinado que o horário de trabalho é das 08:00h às 17:30h. O departamento de Recursos Humanos necessita receber, de forma automática, a informação referente ao terceiro atraso do funcionário no mês. Um determinado funcionário chega à empresa no dia 02/03 às 08:05h, no dia 10/03 às 08:23 e no dia 20/03 às 08:02. Quando ele passa seu crachá no relógio eletrônico e o sistema registra o terceiro atraso, é enviado um e-mail para o responsável do RH.

- Outra aplicabilidade do WorkFlow é na liberação de Pedidos de Compra. Esse recurso é utilizado quando na rotina de Pedidos de Compra é configurada uma regra estabelecendo valores máximos (por exemplo, acima de R$ 20.000,00 apenas o gerente de Compras autoriza). Nesse caso, sempre que algum pedido ultrapassar esse valor, o sistema gera um e-mail com o pedido e o envia para esse gerente, que o libera ou não, respondendo ao WorkFlow através do próprio e-mail. Caso a resposta seja positiva, o próprio sistema incumbe-se de disparar o restante do processo. Caso contrário, o pedido fica com o *status* de rejeitado no módulo de Compras.

Arquitetura e instalação de um ERP

Como já foi citado, o ERP mantém todos as informações armazenadas em um único banco de dados, formando assim o conceito *"client/server* ou cliente/servidor". Através de sua estação de trabalho, o usuário acessa o servidor para processar, consultar ou movimentar as informações.

Uma das grandes vantagens desse estilo de sistemas é que a empresa passa a ter um ambiente mais formal e organizado, pois através do perfil de cada usuário é configurado seu acesso. Essa configuração é feita através de senha, definindo-se quais módulos e rotinas cada um deve acessar. Com isso, temos uma segurança maior: por exemplo, o funcionário do Estoque não consegue visualizar as informações da Folha de Pagamento.

Cuidados no projeto de implantação

São inúmeros os motivos que levam um projeto a não ser bem-sucedido, acarretando perda de tempo, dinheiro e frustração por parte de toda a empresa. O principal deles é a falta de treinamento das pessoas que irão trabalhar com a ferramenta.

Muitos gestores consideram treinamento um custo sem retorno, mas esse pensamento, além de ultrapassado, pode acarretar vários problemas na utilização do ERP, tais como:

- A não utilização de todas as rotinas disponíveis;
- Má utilização dos recursos disponíveis;
- Falta de conhecimento para emissão de relatórios completos;
- Erros que influenciem outro departamento, pela falta de conceito em integração;
- Desperdício do tempo dos profissionais de Informática da empresa com problemas e perguntas que o próprio usuário poderia resolver;
- Acesso desnecessário ao HelpDesk do fornecedor.

Outro fator crucial para o bom desempenho de todo o projeto é o comprometimento, que deve partir da Alta Administração da empresa e contagiar todos os envolvidos. Esse tipo de sistema causa mudanças de impacto organizacional e cultural, e muitas vezes essas mudanças não são bem recebidas na área operacional.

O planejamento do tempo de implantação e do valor que a empresa pretende gastar deve ser traçado com muito cuidado, pois esses dois fatores podem influenciar na qualidade do projeto e até mesmo levar ao seu abandono.

Apêndice 1

ASSOCIATIVISMO: A EXPERIÊNCIA DA UNISUPER

A busca pelo fortalecimento do poder de negociação e a disposição de agregar novos valores aos negócios foram os objetivos que impulsionaram a formação da União Gaúcha de Supermercados – Unisuper, criada em outubro de 2000. Inicialmente formada por 14 empresas que totalizavam 23 lojas, foi crescendo e, quatro anos após seu início, já reunia 120 lojas em 40 cidades, com mais de 3 mil funcionários vestindo a camiseta. A união de pequenos e médios supermercadistas, que operam sob a mesma bandeira realizando compras em conjunto, permanecendo como empresas independentes, rendeu bons frutos. Em pouco tempo, a Unisuper montou sua própria Central de Distribuição (CD), operando com um novo conceito de logística, estratégia que permitiu melhores condições de compras em grandes volumes de carga fechada, garantindo redução de custos em até 20%.

O sucesso da central de negócios gaúcha foi revelado em pesquisa da Abras divulgada em agosto de 2004 (4ª Pesquisa Ranking Abras), que indicou a Unisuper como a quarta maior central de compras do país e a maior do Rio Grande do Sul, sendo a maior referência em centrais de compras no país. Isso foi fruto de um trabalho minucioso nas lojas que aderiram à rede, envolvendo reprogramação do *layout*, *merchandising* de mercadorias, gerenciamento de categorias dos itens da loja, diversificação de produtos, além das ferramentas de produtos de marca própria e cartão de crédito *private label*, entre outras medidas adotadas pela central. Outra estratégia que garantiu o crescimento da rede foi a ampliação do raio de influência, que passou de 60 para 150 quilômetros. Pela característica do varejo do Rio Grande do Sul, que é o terceiro maior mercado brasileiro, a direção da central acredita que existe densidade demográfica para garantir a ascensão ao primeiro lugar no ranking das centrais de compras do país. Esse trabalho está ancorado na credibilidade dos associados da rede e na fidelização dos fundadores, que trabalharam pela profissionalização do sistema buscando o melhor do *know-how* do varejo.

Associativismo

A união e o esforço dos supermercadistas associados vem trazendo resultados positivos não só para os pequenos e médios varejistas, como também para os consumidores, que podem encontrar qualidade e preço num só lugar. A explicação para o crescimento é que nas redes os supermercadistas compram em conjunto, o que dá maior poder de barganha junto aos fornecedores, tendo como conseqüência o repasse de bons descontos ao consumidor.

Segundo Paulo Valmir Vargas e Silva, presidente da Unisuper, esse crescimento pode ser creditado a vários fatores: a seqüência contínua da globalização, a concentração do varejo, o aumento da competitividade do comércio de shoppings em detrimento do comércio de rua, o aumento da área de vendas numa comparação desproporcional ao aumento de renda ou até mesmo a concorrência acirrada dos grandes varejistas mundiais. Para ele, sábios são os que contemplam na união uma estratégia de crescimento.

O importante desse processo é o seu objetivo: pequeno e médio empreendedor estão buscando alternativas para a sobrevivência de seu negócio. O associativismo, quando organizado, regido por fatores éticos, administrado com democracia e transparência, consegue obter resultados surpreendentes. Especialmente quando se fala em centrais de compras, um tipo de associativismo que, para a direção da Unisuper, significa uma administração mais transparente, com todos os associados dividindo experiências e, em conjunto, otimizando seus serviços.

A experiência da Unisuper comprova essa tese. Os bons resultados são perceptíveis já na reinauguração das lojas sob a bandeira da central de negócios. O consumidor está atento às novidades e percebe logo o aperfeiçoamento da loja. Em três meses de adesão à rede, os novos associados conquistam um incremento de vendas de até 30%, aumentando para 40% em mais seis meses. Por essa razão, a Unisuper festeja sua trajetória vitoriosa e procura aperfeiçoar cada vez mais suas ações em prol tanto do associado como do consumidor.

BIBLIOGRAFIA

ALBERTÃO, Sebastião Admar. *ERP – Sistemas de gestão empresarial, metodologia para avaliação, seleção e implantação.* São Paulo, Iglu Editora, 2001

ANGELO, Claudio Felisoni de; GIANGRANDE, Vera. *Marketing de Relacionamento no Varejo.* São Paulo, Saint Paul, 2004

ANGELO, Claudio Felisoni de; SILVEIRA, José Augusto Giesbrecht da. *Varejo competitivo*, V.1 a 6. São Paulo, Atlas, 1996-2001

ANGELO, Claudio Felisoni de; SILVEIRA, José Augusto Giesbrecht da. *Finanças no Varejo.* São Paulo, Atlas, 2000

BAZERMAN, Max H.; NEALE, Margareth A. *Negociando Racionalmente*, 2ª ed. São Paulo, Atlas, 1998

CACCI BAVA, Silvio (org.). *Desenvolvimento Local – Geração de Emprego e Renda.* São Paulo, Instituto Pólis, 1996

CAMPOS, Vicente Falconi. *Gerenciamento da Rotina do Dia-a-Dia.* Rio de Janeiro, Editora Bloch, 1994

CASSARRO, Antonio. *Como Obter e Manter o Sucesso no Varejo.* São Paulo, Thomson-Pioneira, 1999

COBRA, Marcos. *Marketing Básico*, 4ª ed. São Paulo, Atlas, 1997

CHETOCHINE, Georges. *Marketing Estratégico da Distribuição.* São Paulo, Makron Books, 1999

COMITE ECONÔMICO E SOCIAL das Comunidades Européias. *Dictamen sobre "El desarrollo en la política regional comunitaria".* Bruxelas, 1995

GIANGRANDE, Vera; FIGUEIREDO, José Carlos. *O cliente tem mais do que razão.* São Paulo, Gente, 1997

GRAZZIOTIN, Gilson. *A Arte do Varejo.* São Paulo, Senac, 2003

HABERKORN, Ernesto. *Teoria do ERP – Enterprise Resource Planning,* 2ª ed. São Paulo, Makron Books, 1999

INTEL. *Gestão de Incubadoras.* Curitiba, 1997

KOTLER, Philip. *Administração de Marketing,* 4ª ed. São Paulo, Atlas, 1996

LAS CASAS, Alexandre L. *Marketing de Varejo.* São Paulo, Atlas, 1994

McCARTHY, E. Jerome; PERREAULT Jr., Willian D. *Marketing Essencial.* São Paulo, Atlas, 1997

MOREIRA, Júlio César; PASQUALE, Perrotti; DUBNER, Alan Gilbert. *Dicionário de Termos de Marketing.* São Paulo, Atlas, 1997

MORGADO, Maurício G.; GONÇALVES, Marcelo Neves. *Varejo: Administração de Empresas Comerciais,* 2ª ed. São Paulo, Senac, 1999

PARENTE, Juracy. *Varejo no Brasil.* São Paulo, Atlas, 2000

RICCA, Domingos. *Da Empresa Familiar à Empresa Profissional.* São Paulo, Editora CLA Cultural, 1998

SÉRIE PROVAR. *Marketing de Relacionamento no Varejo.* São Paulo, Atlas, 1999

TASCA, Bob; CALDWELL, Peter. *Clientes Satisfeitos.* São Paulo, Atlas, 1997

WEITZ, Barton; LEVY, Michael B. *Administração de Varejo.* São Paulo, Atlas, 2000

WESTWOOD, John. *Como Preparar um Plano de Marketing.* São Paulo, Clio Editora, 1996